The Illustrated Editors

Ritratto minimo di un editor
Glimpses of a portrait of an editor

Il giorno della marmotta, ovvero
Groundhog Day, or, a day in 10

Scuole e corsi
Schools and courses 18

Il lavoro dell'editor
The editor's job 20

I principali segni del correttore in Italia
The main symbols for proof correction in Italy 38

Fiere e festival
Fairs and festivals 40

L'editore in un'istantanea
Snapshot of a publisher 42

Il rapporto editore-autore
The publisher-author relationship 48

La squadra editoriale
The editorial team 53

Trasformare una storia in un prodotto vendibile:
le regole del marketing in editoria
Transforming a story into a marketable product:
the rules of marketing for publishing 56

Le copertine e l'appeal
The cover and the blurb 64

Premi letterari
Literary awards 67

Leggere, scrivere e far di conto
Reading, writing and arithmetic 68

Prefazione Preface

Diciott'anni sono un bel traguardo. La responsabilità delle proprie azioni, la tessera elettorale, la patente, la firma sulle giustificazioni a scuola. Il Master in Editoria di Fondazione Arnoldo e Alberto Mondadori, nato dalla collaborazione con Università degli Studi di Milano e Associazione Italiana Editori e ormai giunto al termine della sua XVIII edizione, è diventato grande (oltre che il più longevo del settore). E quale momento migliore di una pandemia per celebrare la maggiore età?
Nel 2002, alle selezioni della I edizione, per 19 posti si presentarono in oltre 800: il bisogno era stato intercettato. Il bisogno di rispondere a domande quali "Come si fa un libro?", "Come si impara il lavoro editoriale?", "Come si infila un piede tra porta e stipite di una casa editrice?". Interrogativi tuttora ricorrenti e scoppiettanti, e naturalmente sottesi anche a questa seconda *Survival Guide*, dedicata alle figure di editor e editore.
Sono cambiate molte cose, in questi diciott'anni. Sono fioriti corsi, scuole e altre iniziative di formazione in ambito editoriale, a testimonianza del desiderio sempre vivo di entrare e lavorare in un mercato descritto da anni, anzi decenni, come defunto, trapassato, se va bene moribondo.
Dal 2015, con l'apertura del Laboratorio Formentini per l'editoria nel centro di Milano, la fucina editoriale ha un luogo d'elezione dove prendersi il centro della scena, disvelando i processi con cui un libro prende forma, dalla materia prima al consumatore finale, e dando la parola ai professionisti, invitati a dialogare, con-

An eighteenth birthday is an important occasion. You take responsibility for your own actions, gain the right to vote, a driving licence and can finally sign your own absence notes for school. The Master in Publishing held by Fondazione Arnoldo e Alberto Mondadori and born from a joint project with the Università degli Studi di Milano and Associazione Italiana Editori has now reached the end of its eighteenth edition, it has grown up (and is the longest-lasting in the field). What better time than the midst of a pandemic to celebrate our coming of age? In 2002, there were 800 candidates for 19 places: the need for such a course was clear. It was necessary to answer questions such as, "How is a book produced?", "How can I learn the publishing work?", "How can I get a foot in the door of a publishing house?". All recurrent and simmering questions, and of course they are answered in this second *Survival Guide*, dedicated to the figures of the publisher and the editor. Many things have changed in these eighteen years. Courses, schools and other initiatives have bloomed in the field of publishing, bearing witness to the increasing desire to work in a sector that for years, or even decades, has been described as defunct, expired, or at least moribund. Since 2015, when the Laboratorio Formentini per l'editoria opened in the centre of Milan, the publishing world has had a special venue in which to take centre stage, revealing the processes with which a book takes shape, from the raw materials to the final consumer, and giving a voice to the professionals in the chain of reading who are invited to interact, discuss and introduce themselves to the readers and the city. It is in this place, in this bizarre

Preface

frontarsi, presentarsi ai lettori e alla città.
È in questo luogo, in questo ibrido bizzarro, dove il pomeriggio si parla di trabocchetti della traduzione tecnico-scientifica e la sera si legge Wisława Szymborska, che è nata l'idea di dare qualche risposta – ironica, disincantata, mai prescrittiva ma concreta e rigorosa – alla curiosità di molti, e di farlo avvalendosi del capitale umano qui presente. Con una guida alla sopravvivenza in "questo tempo sbandato", che ci aiuti ad attraversarlo con il sorriso.
Fondazione Mondadori

Dopo l'esordio dell'*Illustrators Survival Guide* dedicata al mestiere dell'illustrazione e ai suoi rapporti con il mondo editoriale, per realizzare questa seconda *Survival Guide* – sempre in collaborazione con Fondazione Arnoldo e Alberto Mondadori – siamo scesi sul campo.

Abbiamo intervistato editor e editori di piccole case editrici indipendenti, di grandi gruppi editoriali e alcuni freelance. Tra aneddoti, ricordi e istantanee dalle redazioni è emersa, per cenni, la varietà di competenze coinvolte nella produzione di un libro e la complessità dei rapporti tra le diverse figure professionali in gioco.
Questa *Survival Guide* si rivolge a tutti i lettori e alla loro curiosità di conoscere il dietro le quinte della nascita di un libro. A chi sogna di lavorare nel mercato editoriale, affinché, tra un capitolo e l'altro, sia messo in guardia da cosa l'aspetta davvero ma non per questo desista dall'intraprendere uno dei mestieri più desiderati al mondo. E infine a tutti professionisti della produzione editoriale che avranno il piacere di ritrovarsi, con un po' di ironia, nella filigrana delle parole dei loro colleghi.
Mimaster Illustrazione

hybrid place, where in the afternoon technical-scientific translation is discussed and, in the evening, there is a reading of Wisława Szymborska, that the idea was born to give an answer – ironic, disenchanted, never prescriptive but practical and thoughtful – to the curiosity of many, and to do so using the human capital present there. With a guide to the survival in these crazy days, that will help us to come through with a smile.
Fondazione Mondadori

Since the debut of the *Illustrators Survival Guide* dedicated to the profession of illustration and its relationship with the publishing world, in preparing this second *Survival Guide* – once again in cooperation with Fondazione Arnoldo e Alberto Mondadori – we threw our hats into the ring.
We interviewed publishers and editors from small independent publishing houses, major groups, freelancers, and amongst the anecdotes, memories and candid portraits of the editorial offices it was possible to see the variety of skills needed to produce a book and the complexity of the relationships between the various professional figures involved. This *Survival Guide* is aimed at all readers who are curious to know what goes on behind the scenes when a book is born. Anyone who dreams of working in publishing will be, chapter after chapter, warned of what awaits them, but not discouraged from undertaking one of the most coveted professions in the world. Finally, all the professionals in the publishing sector will have the pleasure of reading about themselves, with a hint of irony, in the watermark of the words of their colleagues.
Mimaster Illustrazione

RITRATTO MINIMO DI UN EDITOR DA UN ABBECEDARIO STRAPPATO

GLIMPSES OF A PORTRAIT OF AN EDITOR FROM A TATTERED PRIMER

di by Giacomo Benelli

A, a tre dimensioni
Se il lavoro dell'editor fosse un solido geometrico potremmo descriverlo come arte per artigianato e per business.
L'arte è il momento magico in cui l'editor affianca l'autore durante il processo creativo e ne argina le crisi d'ansia con un'altrettanto magica dose di pazienza e *savoir faire*.
Tecnica editoriale e consapevolezza che il libro oltre a un'avventura dello spirito è, alla fine dei conti, un oggetto fisico con precise esigenze produttive, sono i due estremi della dimensione dell'artigianato.
E infine il business, o meglio quella sfida di capire come proporre e vendere un libro attraverso le categorie del *publishing*: come collocarlo nel catalogo, a chi venderlo e attraverso quali parole e azioni.
Molto prosaicamente questa terza dimensione è il motore della catena: far vendere un libro significa creare le condizioni perché nuovi libri siano scovati, confezionati e letti.

A, art x craftsmanship x business
If the editor's job were a geometric solid, we could describe it as art multiplied for craftsmanship and business.
The art lies in the magical moments as the editor accompanies the author throughout the creative process, stemming their anxiety attacks with a mysterious dose of patience and *savoir faire*.
The two extremes of the concept of craftsmanship are editorial skills and the awareness that, after all is said and done, a book is a physical object with precise productive demands, rather than just an adventure of the spirit.
Finally, there is the business, or rather the challenge of understanding how to present and sell a book through the categories of publishing: how to place it in the catalogue, who to sell it to, what words and actions to use.
Quite prosaically, this third dimension is

C, la cura

Dal latino arcaico "coera", che i concittadini di Cicerone facevano derivare, erroneamente, da *cor*, *cordis*, appunto cuore, e quindi legavano alla semantica dell'amore.

La cura è per i latini diligenza, premura, zelo, attenzione che si rovescia sulla persona amata e, di contro, l'inquietudine che ne deriva per un compito che mai cessa, che sempre gli eventi mettono alla prova. L'antitesi della cura è dunque l'indifferenza che coincide con la fine dell'amore.

No, quello dell'editor non è un lavoro romantico, ma certamente è un atto di cura verso l'autore e verso il testo.

Questo frammento di archeologia lessicale si completa meglio se inseriamo il soggetto della cura nel suo luogo sociale dedicato: l'ufficio.

L'*officium* è dovere morale, carica e funzione rispetto a un compito da svolgere con rettitudine e rispetto: dell'autore e del suo testo, del budget, delle indicazioni del direttore editoriale, del marketing e delle bizze del mercato. *Per aspera ad astra!*

D, divani abbandonati

Nell'esperienza comune di lettore si lavora sempre a valle della selezione, del vaglio critico e del gusto di qualcun altro.

In libreria, in biblioteca, in edicola, è stato il lavoro di altri a scegliere e proporre una selezione per la quale si garantiscono qualità del contenuto, correttezza formale e un certo – talvolta opinabile – gusto. Da lettori non resta che scegliere pigramente all'interno di questa nobile platea editoriale e poi sdraiarsi comodamente sul divano a condividere o disapprovare.

Fare l'editor significa alzarsi da quel divano.

---

the driving force: selling a book means creating the conditions for new books to be found, put together and read.

C, the care

The Archaic Latin word for "care," *coera*, was erroneously thought by Cicero's fellow citizens to come from *cor*, *cordis* (meaning "heart") and therefore linked to the semantics of love. For the Latins, care was diligence, endeavour, zeal, attention that was bestowed on the beloved and, on the contrary, the unease that derives from a never-ending task, constantly tested by events. The antithesis of care is therefore indifference, which also coincides with the end of love.

No, the editor's job is not a romantic one, but it is certainly an act of care towards the author and the text.

This fragment of lexical archaeology is certainly more complete if we place the subject of this care in its dedicated social place: the office.

The *officium* is a moral duty, position and function with respect to a task to be carried out with rectitude and respect: for the author and their text, for the budget, for

Esistono delle qualità necessarie, senza le quali il lavoro editoriale può dimostrarsi un'esperienza confortevole come un soggiorno all'inferno: la curiosità, l'empatia, il saper leggere "in un certo modo", la flessibilità mentale, il coraggio di prendere decisioni. Inoltre, come già sottolineava Grazia Cherchi trent'anni fa, per fare questo mestiere non può mancare "una certa propensione al masochismo": forse anche per questo è uno dei lavori meno pagati che io conosca.

There are some qualities necessary, without which the work of the editor can appear to be about as inviting as a trip to hell: curiosity, empathy, knowing how to read "in a certain way," mental flexibility, the courage to take decisions. Also, as Grazia Cherchi stated about thirty years ago, to do this job requires "a certain propensity for masochism," perhaps that is one of the reasons it is one of the most poorly paid jobs I know of.

Stefano Izzo
Editor Italian fiction at Salani

All'improvviso il critico sei tu, attraverso l'educazione e le esperienze che hanno formato il tuo gusto, i libri letti e amati, quelli non letti (con vergogna) e gli altri ancora non letti (con orgoglio). Tutto questo entra e plasma con prepotenza il giudizio professionale su un testo.

Si diventa editor quando si raggiunge la consapevolezza che il proprio gusto, disciplinato dalla prassi del mestiere, diventa una risorsa da mettere a servizio dell'autore e in condivisione – come una risorsa – con la comunità dei lettori.

I, l'intelligenza del tartufo
Si narra che in alcune redazioni si fosse soliti insolentire gli editor junior, insomma quelli nuovi del mestiere, con la battuta secondo cui l'intelligenza non fosse la prima facoltà necessaria per questo lavoro. Scantonata la provocazione si intravede però un filo di verità; all'editor è richiesta, oltre ovviamente alla competenza e al "ben dell'intelletto", anche e soprattutto la dote del cane da tartufi, quel farsi prendere da un'incontenibile frenesia al fiutare dietro una storia gli effluvi di un romanzo

the instructions of the editorial director and the marketing director and for the vagaries of the market. *Per aspera ad astra!*

D, deserted divans
In the communal reader experience, we always work downstream of the selection, of the critical screening and of someone else's taste.
In the bookshop, at the library or at the newsagent's, it was someone else's job to choose and submit a selection for which the quality of the content, the formal correctness and a certain – at times questionable – taste is guaranteed. All that readers have to do is lazily choose from this noble editorial array, settling comfortably on the divan to sympathize or disapprove. Being an editor means arising from that divan.
Suddenly, you are the critic, thanks to the education and the experience that have formed your taste. The books you have read and loved, those not read (shame on you) and the others still to be read (with gratification). All this comes into

che lo sprona al lavoro di cesello editoriale fino a portarlo alla luce.

L, lettore
Un buon editor deve conservare quella passione primigenia per la pagina scritta che si assapora da ragazzini alle prese con le prime letture.

E al tempo stesso sviluppare la capacità mimetica di intuire le caratteristiche di quella classe di lettori a cui si rivolge il libro sul quale sta lavorando.

La pratica del mestiere a volte determina che la lettura professionale, cinica, distaccata, faccia ammutolire per sempre lo spirito del giovane lettore, ed è una grave perdita.

Potremmo quasi paragonare allo Zen quella capacità di alcuni editor di mantenere deste entrambe le inclinazioni in una sorta di gaia professionalità.

M, mangiapane (a tradimento)
L'editor perfetto deve essere invisibile nel risultato finale e l'editing perfetto è quello di cui non si vede traccia.
L'editor è al servizio dell'autore e del libro, mai viceversa.
Insomma, l'editor deve sembrare agli oc-

play and powerfully shapes our professional opinion of a text. We truly become an editor when we reach an awareness that our personal tastes, schooled by the praxes of the profession, have become a resource to make available to the author and to share – as a resource – with the community of readers.

I, the intelligence of the truffle hound
It is said that in some editorial offices it was customary to insult the junior editors, those who were new to the profession, saying that intelligence was not a necessary characteristic for this job. Having avoided the provocation we can see a grain of truth – the editor is asked to provide, in addition to competence and the gift of intellect, of course, also and above all the talents of the truffle hound, that quivering excitement on sniffing out a novel that only requires editorial polishing to make it shine.

R, the reader
A good editor must always preserve that primeval passion for the written page, enjoyed as a child reading alone for the first time.
And at the same time, they must develop the mimetic capacity to understand the individualities of the class of readers for whom the book they are working on is destined.
Experience and practice in this job sometimes mean that a professional, cynical, detached reading silences the spirit of the young reader for ever, and this is an appalling loss. We could almost compare to Zen the ability shown by some editors in keeping both inclinations alive in a sort of gay professionalism.

chi degli estranei un mangiapane a tradimento, un inutile.

O, l'oggetto fisico
Per quanto forte e teso possa spirare il vento romantico dell'occuparsi di libri, resta il fatto, non secondario, che si tratta di un oggetto del mercato.
Sottoposto più al libeccio del marketing, delle vendite e della promozione, che alle brezze dell'atto creativo puro e primigenio. Il libro, come manufatto tecnologico, è un prodotto perfetto, al pari della ruota.

Il lavoro editoriale, affinché il libro venda, non è altro che un'opera di delicatissima variazione sul tema di tanta perfezione.

R, le relazioni, le redazioni
La vita di redazione è forse tra le esperienze più romanzate e idealizzate quando la si immagina ancora da studenti.
L'editor, oltre a confrontarsi con l'autore e il suo scrivere, è in egual misura il punto di riferimento di tutta la macchina della produzione editoriale: l'art director, il direttore editoriale e poi il traduttore, gli agenti di vendita, l'ufficio tecnico e quello stampa, solo per fare una sintesi.
Una quotidianità fatta soprattutto di parole e comunicazione e molto poco di soliloqui albeggianti stringendo tra le mani la penna stremata sul manoscritto.

They are more often subject to the southwester of the marketing, the sales and the special offers than to the gentle breezes of the pure and primordial creative act.
A book, as a technological artefact, is a perfect product, just like the wheel.
The editorial process that ensures the book will sell is nothing more than a delicate variation on the theme of such perfection.

G, a ghost
The labours of the perfect editor must be invisible in the final result and flawless editing never leaves a trace.
The editor is at the service of the author and the book, never the other way around. The editor must be a ghost, a transparent figure.

O, the physical object
However compelling and tempestuous the romantic vein of dealing with books, the fact remains, and is by no means secondary, that books are marketable objects.

R, working relationships and editing
When we are still students, life in the editorial office is perhaps one of the most romanticized and idealized situations that we can possibly imagine.
The editor, in addition to dealing with the author and his writings, is equally the reference point for all those involved in the editorial production process: the art director, the editorial director, the translator, the sales reps, the technical office

S, lo specchio del sensale

L'editor come specchio per l'autore, per interrogarsi e rintracciare problemi e criticità, per non accontentarsi.

Senza deformare il riflesso, senza adulare l'immagine riprodotta. Ma per celebrare un degno matrimonio tra il testo e il suo precipitato editoriale: il formato più adatto, la collana più azzeccata, l'illustratore più capace di raccontare attraverso le immagini quello che sta tra le righe – e non oltre – di quella storia.

U, l'umiltà

Di fronte a un testo, un buon editor non deve solo ricercare errori, incoerenze narrative o passaggi poco scorrevoli.

La sua missione più importante è quella di ascoltare l'autore, di guidarlo senza scavalcarlo.

Anche quando la voce dell'autore non è in consonanza con la sua biblioteca ideale, esercitando con abnegazione la virtù dell'umiltà e praticando la disciplina del "fare un passo indietro".

Serena Daniele
Editor at NN Editore

Gusto e formazione letteraria contano molto, ma contano anche altre cose: i temi di attualità, le tendenze sociali, le serie TV. Ogni libro scelto rimanda ad altri, potenzialmente da leggere e scegliere, e come in un labirinto l'editor sceglie il suo percorso, lasciandosi alle spalle i libri pubblicati come le molliche di pane della fiaba.
Literary taste and training count for a lot, but other things are also important: such as current affairs, social trends and TV series. Every book chosen refers to others, potentially to be read and chosen, and each editor works their way through the labyrinth, leaving behind the books published like the breadcrumbs in the fairytale.

and the printer, to mention just a few. A daily grind principally formed of words and communication and only rarely of dawning soliloquies with the exhausted pen hovering above the manuscript.

M, the matchmaker's mirror

For the author, the editor is like a mirror in which they can catechize, finding problems and criticalities, never making do.

Without deforming or worshipping the image reproduced, they celebrate a worthy marriage between the text and its editorial precipitate: the most suitable format, the ideal series, the illustrator capable of narrating through images what lies between the lines – and not beyond – in that story.

H, humility

In a text, a good editor must not only look for errors, narrative incoherence or clunky passages; their most important mission is to listen to the author, guiding them without ever ousting them.

Even when the voice of the author is not in harmony with their ideal library, they must exercise with abnegation the virtue of humility and practise the discipline of "taking a step back."

IL GIORNO DELLA MARMOTTA, OVVERO LA GIORNATA DI UN EDITOR

GROUNDHOG DAY, OR, A DAY IN THE LIFE OF AN EDITOR

di by Ivan Canu

1. Com'è
Leggo per legittima difesa. (Woody Allen)

Si inizia col caffè. Primo di molti. Sfatiamo un mito: non c'è quasi nulla di fico nel lavoro editoriale. Ci sono l'ufficio, il pass, la mensa e un cubicolo dall'aria immobile, che ristagna. Ma prima di ogni cosa c'è il commerciale. Invece delle pagine odorose di promesse, ci sono i tabulati delle vendite e la "cognizione del dolore" che cifre prive di romanticismo raccontano sulle vendite. E il commerciale senza commozione ha stampato i numeri di vendita e, con voi, li snocciola e ragiona su come migliorare. Se si ha il senso del motto "far nozze coi fichi secchi", si parte avvantaggiati e ne guadagna l'umore. Perché arriva il marketing, che preme sui titoli della successiva campagna. Segue l'addetto stampa, che più spesso è un collaboratore esterno della casa editrice, con cui c'è

1. What it is really like
I read in self-defence. (Woody Allen)

Firstly, coffee. The first of many. Let's dispel a myth: there is nothing cool about editorial work. There is the routine, the office, the pass, the canteen and a cubicle of stagnant air. Even before that comes the commercial aspect of the job. Rather than pages perfumed with promises, there are sales figures, the "experience of pain" that these unromantic numbers tell about sales. The sales director simply printed out the sales figures and, with you at his side, he rattles off suggestions and reasons and ways to increase them. Once you learn to embrace the motto "do it on a shoestring," things get easier.
Because it is time for the marketing manager to insist on deciding the titles for the next campaign. Then comes the press officer (generally an external consultant) who wants to know which title

da pensare a quale titolo candidare a un premio o mandare a un festival. Ci avviciniamo alla pausa pranzo, ovvero: panino al volo. Con tutto questo parlare di titoli e autori, c'è da infilare una telefonata a un'agenzia letteraria. Come la donna di *Rigoletto*, anche gli autori sono mobili e si posizionano, che siano esordienti o nomi per cui combattere con case editrici avversarie. Ah, l'odore acre della contesa sul prossimo vincitore dello Strega! Invece, come recita un adagio sulla scrittura: altro che ispirazione, molta traspirazione. Mentre l'agenzia tratta per l'autore/autrice si butta giù un preventivo della grossa, sul quale si stabilisce il prezzo di copertina e quante copie tirare, perché tutta questa operazione dell'intuito non sia un bagno di sangue. Non paghi di avere competenze contabili, ci si confronta con i grafici sul copertinario, tante proposte, con varianti di colori e lettering, e se non c'è un art director che metta un freno e dica: fidatevi, è il mio mestiere, è un rincorrersi di pareri, opinioni, gusti. Con l'esito che la maggior parte delle proposte sia scartata e le sopravvissute col "visto, si riveda". Il pomeriggio ha un andamento pallido e assorto sull'accumulo di email, con una raccomandazione: se proprio dovete scrivere, fatelo tra lunedì e giovedì, poche righe, evitando di fare gli spiritosi se non lo siete. O i lagnosi. O i sognatori coi manoscritti della vita nel cassetto. Tutti vogliono scrivere, questa brama andrebbe inserita tra le malattie esantematiche e la ricerca di un vaccino andrebbe finanziata con il cinque per mille. Cosa diceva Bufalino? *"Che ci vuole a scrivere un libro? Leggerlo è la fatica".* O quando vale, non è adatto e andrebbe passato a un/una collega o a

should be put forward for an award, or sent to a literary festival.
It's nearly lunchtime: a quick sandwich. Amongst all this talk of titles and authors, you have to shoehorn a call to a literary agency. Like *Rigoletto*'s *"donna,"* authors are also *"mobile"* and can be "positioned," whether they are new discoveries, or

names to be won over from the other publishing houses. Ah, the pungent smell of battle, the struggle for the next winner of the Strega Prize! And yet, as an adage says, writing involves a little inspiration and a lot of perspiration. While the agent proposes a price for the author you jot down a rough estimate, on the basis of which you will decide the cover price and the print run, so that it does not become a bloodbath. It is not sufficient to be good at maths; now you have to discuss the proposals for the cover with the people from the graphic design office; generally numerous, with variations in colour and lettering, and unless there is an art director who can firmly put his or her foot down, saying "trust me, this is my job," there will be a plethora of comments, opinions and preferences. With a decision finally taken, the majority of the proposals will be

un altro editore. C'è anche l'agenda che smania per il tour di un libro da seguire, la presentazione in una libreria, con un autore che certamente parlerà molto di sé, mentre tu ti tratterrai dal pensare che Benjamin Disraeli, primo ministro vittoriano, disse: *"Uno scrittore che parla dei propri libri è quasi insopportabile quanto una madre che parla dei propri figli"*. Ma saprai che ti è andata male, perché è una mamma scrittrice e illustratrice quella che porterai a cena alla fine. Si è fatta una certa ora e c'è una metropolitana da prendere, e durante il tragitto verso casa finalmente si scrive quella aletta per un romanzo, lavoro di lima e pinzette che pare un elzeviro, tanto è soddisfacente, tanto corrisponde al motivo per cui si è voluto fare questo mestiere. Tutto è rapido, rapace: come diceva Calvino nel '56, citato da Giulio Einaudi in *Frammenti di memoria* (Nottetempo, 2009): *"Noi guardiamo il mondo precipitando dalla tromba delle scale"*.

2. Come vorrei che fosse

Che altri si vantino delle pagine che hanno scritto; io sono orgoglioso di quelle che ho letto. (J. L. Borges)

È il lavoro più bello del mondo. Mentre ti alzi riposat* all'odore del caffè, già la pila di manoscritti sussurra invitante, con le pagine che frusciano sotto i polpastrelli: l'occhio amorevole dell'editor pregusta la scoperta del capolavoro. Li hai messi vicino al piccolo orto di erbe aromatiche perché credi a Cicerone: *"Se accanto alla biblioteca avrai l'orto, nulla ti manca"*. Julian Barnes ha detto: *"Leggere è la capacità di una maggioranza e l'arte di una minoranza"*. Buon lettore si diventa, ma

rejected and the ones that survive are still "to be revised."
The afternoon is dreary and your inbox is full of e-mails. A piece of advice: if it is truly necessary to communicate with

an editor, write from Monday to Thursday, just a few lines, without trying to be funny (if you are not); or whining; or talking about your dream and the manuscript in the drawer of your desk. Let's face it, everybody wants to be a writer. This yearning should be included in exanthematic diseases and research into a vaccine should be funded from our taxes. What did Bufalino say? *"What does it take to write a book? The difficult part is reading it."* If it *is* worth reading, but it is not suitable, it should be passed on to a colleague or to another publisher.
Your diary announces the tour for one book and a presentation at a bookshop, with an author who will certainly talk a lot about himself, while you try not to recall the words of Benjamin Disraeli, the Victorian prime minister: *"An author

editor si nasce. Migliori, fai esperienza. Ma devi esserci portat*. Avrai libertà di giudizio, una testa scevra da pregiudizi, ricca di intuito, sensibilità, sesto senso. Capacità di ascolto: quanti manoscritti promettenti sono frutto di una segnalazione di colleghi editor, anche concorrenti? Un testo suggerito può non essere interessante. Oppure ci trovi qualcosa che neppure chi l'aveva suggerito vi aveva scorto. Un buon lettore è merce rara. Li coltivi, li coccoli perché i suggerimenti siano i più accurati e avveduti e ti aiutino nel difficile compito. Ti circondi di cinque o sei manoscritti contemporaneamente, perché la scrematura sia rapida, acuta. Ti siedi comodamente, seguendo Prezzolini in *Saper leggere* (Edizioni Studio Tesi, 1990): *"Ogni seggiola può andare bene; la cultura si fa con la testa e non con il sedere; ma una posizione comoda per leggere è molto importante"*. Questo ti ricorda Munari: *"Ogni libro è letto, ma ogni letto non è anche un libro"*. Come sei sagace. Il pranzo è leggero, consumato con cura, senza interruzioni di email o telefonate. Ti prepari all'eccitante appuntamento di

who speaks about their own books is almost as bad as a mother who speaks about her own children." Still, you will know things have gone badly when you have to take that mother-author or mother-illustrator to dinner. It's late, you need to catch the last tube and finally, during the journey home, you manage to write the blurb for a novel, a job that requires honing until it sounds like a column from the Sunday newspaper. When you have finished, you remember why you chose this profession. It is all so swift and ravening: as Calvino said in 1956, quoted by Giulio Einaudi in *Frammenti di memoria* (Nottetempo, 2009): *"We see the world as we tumble down the staircase."*

2. What I wish it were like

Let others pride themselves about how many pages they have written; I'd rather boast about the ones I've read.
(J. L. Borges)

It is the best job in the world.
As you rise from your bed, you glance at the pile of manuscripts that whispers invitingly, stroking the crisp pages with your fingertips: the loving eye of the editor is certain that a masterpiece lies therein. You placed a pot of herbs beside the pile because you believe, like Cicero, that: *"If you have a garden beside your library, you will lack for nothing."*
Julian Barnes said, *"Reading is a majority skill, but a minority art."* You can become a good reader, but you are born an editor. You improve, you gain experience; however, you must be born to it.

mezza giornata con l'autrice/autore più promettente dell'emisfero orientale, che sai vincerà il Nobel mentre tutti si sdilinquiscono su Murakami e Atwood. Tu sai. Sai che hai una perla tra le mani, la svolta. Poi tu vuoi bene a tutti i tuoi autori. Sai ascoltare le voci e vite diverse, sei il loro filtro, attraverso di te le parole si purificano, si esaltano. Editare è scegliere. Ti consideri un po' come un addetto alle cucine: per Einaudi era Ponchiroli, editor unico, tessitore di relazioni, mediatore paziente con gli autori, persuasore occulto del programma; tutto portava all'unico fine che era la produzione di qualità, i giusti titoli nelle giuste collane. *"Un*

Edoardo Brugnatelli
Senior editor at Mondadori

Non mi aspettavo di dover leggere così tanta roba, e che si potessero scrivere così tante pagine mediocri, inutili, brutte, noiose, pretenziose, insignificanti etc etc. Dopo aver visto bagliori di Paradiso venni gettato in un abisso di noia e dannazione e scoprii un Lato Oscuro dell'Umanità. Non mi aspettavo di passare un intero pomeriggio sotto il sole di luglio con un caldo e un'umidità schifosi in occasione di un Festival a Barolo per tenere compagnia a un autore prigioniero dei suoi fan.

I did not expect to have to read so much stuff, and that it was possible to write so many mediocre, useless, ugly, boring, pretentious, insignificant pages… I could go on. After having glimpsed the blaze of Paradise, you are cast into an abyss of boredom and damnation and you discover the Dark Side of Humanity. I did not expect to spend an entire afternoon under the loathsome muggy July sun at a Festival in Barolo, guarding an author taken hostage by his fans.

You will have some freedom to choose, you will need an unprejudiced mind, rich in insight, sensitivity and sixth sense. Ability to listen: how many promising manuscripts are the result of a mention by other editors, or even other publishing houses?

At times the text proposed is not interesting; at other times you discover something that even the person who suggested it had missed. A good publisher's reader is a rare bird. You will cherish them, nurture them, because their initial opinions will be the most accurate and canny, helping you in your difficult task. You surround yourself with manuscripts, five or six at a time, so that the skimming is rapid and judicious. You sit comfortably: it is true, as Prezzolini says in *Saper Leggere* (Edizioni Studio Tesi, 1990), *"Any chair will do; culture comes through the head, not through the backside, but it is important to find a comfortable position for reading."*

Then you remember Bruno Munari's book-bed, a soft book you can sleep in… After all, "bed" rhymes with "read."

You are so wise!

Lunch is a light meal, eaten conscientiously, without interruptions from e-mails or phone calls. You prepare for the exciting midday appointment with the most prom-

vero leggere non esiste senza il rileggere" (Prezzolini, in *Saper leggere,* Edizioni Studio Tesi, 1990). Così le pile dei manoscritti sono diverse. Quelli appena arrivati, timidi, ordinati. Quelli che meritano una seconda lettura. Quelli scartati, forse buoni per qualche altro editore. Quelli scartati senza appello, che da soli sono la maggior parte, ai cui autori risponderai con cortesia, di persona. C'è quel momento unico, dopo il pomeriggio, dedicato ai tuoi autori, all'esordiente talentuoso e al ricco sforna-bestseller – che foraggia la stampa del primo. Cos'è il tuo mestiere, in fondo? È riconoscere il talento, la passione della ricerca, il fiuto del cacciatore, il saper vedere, ammirare, stimare la Voce Unica fuori dal coro. Una volta trovato *il* libro, ecco il lavoro costante e brillante del *publishing*, le fasi dell'editing, la giusta traduzione, la copertina che dovrà essere il volto per l'anima, il marketing, il lancio, la libreria, i festival, la TV, i giornali. Tu non vuoi essere l'editor che rifiuta *Carrie* di King dicendo che la fantascienza con distopie non vende. Tu vuoi invece avere una figlia come quella del presidente di Bloomsbury, che

ising author in the eastern hemisphere, who (you just know) will win the Nobel for Literature, while everyone is thinking about Murakami and Atwood. You know. You *know* you have found a pearl; you *know* this is a literary watershed.

You are fond of all your authors. You know how to listen to their different voices and lives, you are their filter, through you their words are purified and exalted. Working as an editor means making choices. You see yourself as a sort of sous-chef: for Einaudi it was Ponchiroli, sole editor, weaver of relationships, mediator, patient with the authors, hidden persuader of the editorial programme: everything leading to a single aim, high quality, the right title in the right series.

"You haven't really read, until you have re-read" (Prezzolini, in *Saper leggere,* Edizioni Studio Tesi, 1990). So, the piles of manuscripts vary. There are the newly arrived, timid and tidy. Those that deserve a second reading. Those rejected, perhaps good for another publisher. Those categorically cast aside, to whose authors you will write courteously and personally.

Then, once the afternoon is over, there is the time dedicated to your authors, from the talented newcomer to the rich spawner of bestsellers – who effectively pays the printing costs of the former. What is your profession, after all? Is it recognizing talent, passion for research, a truffle dog's nose, a keen eye, knowing how to see, admire, appraise the unique voice rising above the hubbub.

Once you have found *the* book, here comes the constant and marvellous work of publishing, the stages of the

lo convinse a pubblicare *Harry Potter*. Tu non vuoi sbattere sul tavolo della tua collega il manoscritto di *La spia che venne dal freddo* con un lapidario: "Ti presento Le Carré, non avrà alcun futuro". No, il tuo lavoro, il senso della tua vita sulla terra sta nel sempreverde buonsenso deamicisiano:

editing, the right translation, the cover that will be the face for the soul, the launch, the bookshops and the festivals, TV, the press.

You don't want to be the editor who rejects King's *Carrie*, saying that dystopian science fiction doesn't sell. You want to have a daughter like that of the president of Bloomsbury, who persuaded him to publish *Harry Potter*. You don't want to be the one who chucks the manuscript of *The Spy Who Came in from the Cold* onto a colleague's desk, saying firmly, "May I introduce Le Carré, who hasn't got any future."

No, your job, the meaning of your life on earth, is in the evergreen common sense of De Amicis: *"Your books are your weapons, your class is your team, the battlefield is the whole earth and victory is human civilization."*

"I tuoi libri sono le tue armi, la tua classe è la tua squadra, il campo di battaglia è la terra intera, e la vittoria è la civiltà umana". Ora puoi vestirti al meglio e aprire la casa agli ospiti dei Giovedì letterari, dove i tuoi autori si incontrano e parlano con i futuri Thomas Mann, con agenti acuti, direttori di fiere, mecenati dallo sguardo penetrante e dal portafoglio generoso, critici prestigiosi, colleghi internazionali il cui solo desiderio è appagarsi della tua ospitalità celebrata nel mondo editoriale. La sera declina e la casa si svuota, anche degli amici intimi. Queste ore prima del sonno sono per i testi più preziosi, che meritano l'affettuosa lettura dell'appagamento. Alla luce calda di una lampada Fortuny, sorseggiando la tisana che ogni sera ti accompagna, pensi a quanto avesse ragione Virginia Woolf: *"Talvolta penso che il paradiso sia leggere continuamente, senza fine".*

Now you can dress up and open your house to the Literary Thursdays, where your authors meet and talk to the future Thomas Mann, to shrewd agents, to the directors of fairs, to patrons with a keen gaze and a generous purse, to prestigious critics and international colleagues whose only wish is to take advantage of your hospitality, renowned in the editorial world.

The evening draws in and the house empties, also of close friends. These last hours before bed will be dedicated to the most precious texts, the ones that deserve the affectionate reading of contentment. In the warm light of a Fortuny lamp, sipping the tisane that accompanies you each evening, you think how right Virginia Woolf was, *"Sometimes I think heaven must be one continuous unexhausted reading."*

Groundhog Day, or, a day in the life of an editor

SCUOLE E CORSI
SCHOOLS AND COURSES

Stefania Di Mella
Editor at Rizzoli Ragazzi

Dopo la laurea io ho frequentato un master che mi ha dato poi modo di fare uno stage in una grande casa editrice. Da lì è nato tutto, con una lunga gavetta dalla redazione al mestiere editoriale. Ma ho conosciuto anche molti colleghi, forse più intraprendenti di me, che hanno cominciato lavorando esternamente per gli editori, spesso proponendosi per fare letture.

After graduation, I attended a Master that gave me the chance to work as an intern in a large publishing house. That is where it all started, with a long apprenticeship from desk editor to editor. I know a lot of colleagues, perhaps more enterprising than I was, who started by working as consultants to the publishers, often offering themselves as readers.

Master

Masterbook
IULM
— *Milan, Italy*
Master BookTelling
Università Cattolica del Sacro Cuore
— *Milan, Italy*
Master in Editoria
Università degli Studi di Milano
— *Milan, Italy*
Master in Editoria
Università degli Studi di Verona
— *Verona, Italy*

Master in Editoria Cartacea e Digitale
Università di Bologna
— *Bologna, Italy*
Master in Editoria, Giornalismo
e Management culturale
Sapienza Università di Roma
— *Rome, Italy*
Master in Professione Editoria
Cartacea e Digitale
Università Cattolica del Sacro Cuore
— *Milan, Italy*
Master Professioni e Prodotti dell'Editoria
Università degli Studi di Pavia
— *Pavia, Italy*

Corsi Courses

Belleville – Scuola di scrittura
— *Milan, Italy*
Come si fa un libro?
Corso di editoria
Marcos y Marcos
— *Milan, Italy*
Corsi di editoria
Agenzia letteraria Herzog
— *Different cities, Italy*
Corsi di editoria
Giulio Perrone Editore
— *Rome, Italy*
Corsi di editoria
Minimum fax
— *Rome, Italy*
Corsi di editoria
Oblique Studio
— *Rome, Italy*
Formazione per l'editoria
AIE
— *Milan, Italy*
Scuola del libro
— *Rome, Italy*

Edoardo Brugnatelli
Senior editor at Mondadori

Un consiglio per chi vuol diventare un editor? Fare di tutto per mettere una zampa dentro a una casa editrice: come redattore, lettore, correttore di bozze, antennista, spazzacamino, guardia giurata. E una volta inserita la zampa, proverei ad allargarmi con gentile sfacciataggine. Ad ogni buon conto studierei le lingue, bene e se possibile tante.

My advice for someone who wants to work as an editor? Do your best to get a foot in the door of a publishing house: as a desk editor, a reader, a proof reader, cable repairman, chimney sweep, security guard. Once you have your foot firmly placed, try to move forward with polite chutzpah. In any case, I would study languages, well and as many as possible.

IL LAVORO DELL'EDITOR

THE EDITOR'S JOB

> Per me un libro è valido quando ti dà l'impressione che l'autore sarebbe crepato se non l'avesse scritto.
>
> For me a book is good when it gives you the impression that it would have killed the author not to write it.
>
> (T. E. Lawrence)

di by Ivan Canu

1. Il manoscritto senza andare a Saragozza

I manoscritti sono tanti, questo vale in tutto il mondo, ma in Italia c'è una propensione alla scrittura inversamente proporzionale a quella per la lettura. Così, mentre i lettori forti tendono a leggere di più, facendo sollevare i decimali delle annuali statistiche ISTAT, gli altri proprio non leggono. Probabilmente però scrivono. E quello che scrivono vorrebbero che lo leggessero quelli forti di prima, oltre a mamma, papà, famigliari, amici e congiunti di varia distanza. E sono agguerriti,

1. The manuscript without a pilgrimage to Zaragoza

There are so many manuscripts, that is true all over the world, but in Italy the propension to write is inversely proportional to the penchant for reading. So, while keen readers tend to read more, increasing the decimal points of the official annual statistics, there are others who don't read at

insistenti, appena capiscono il modo con cui le loro fatiche possono giungere alle case editrici. E qui, di solito, fanno due errori ingenui e marchiani.

Il primo, inviare il manoscritto all'editore. Ovvero all'indirizzo generale della casa editrice o all'email della segreteria (più o meno l'accettazione pacchi). Come se un cantante si mettesse sotto le porte dell'Ariston durante il Festival di Sanremo e si sgolasse, sperando di essere pescato e lanciato nella kermesse. L'anticamera dell'indifferenza.

Il secondo, pensare che l'editoria funzioni per gradini di merito, come un ascensore sociale: si inizia dall'editore piccolissimo, per arrivare a quello grandissimo. Piccolo non è sinonimo di cialtrone o poco professionale, è su altri criteri che si va a ragionare: un contratto, un marketing adeguato, una presenza nei circuiti librari generalizzata e curata, un giro di presentazioni nelle librerie a livello nazionale, una comunicazione social dinamica e mirata. Senza questi elementi, pubblicare tanto per vedere stampato il proprio libro è deleterio per la professione. Piuttosto di un piccolo editore, conviene un *crowdfunding* per un'autoproduzione mirata. Oppure, passare attraverso il solo canale di *scouting* degli esordienti che l'editoria ancora segue e rispetta: le riviste letterarie. E cosa si pubblica nelle riviste? Pagine del proprio romanzo d'esordio? No. Recensioni di altri libri, articoli di critica letteraria, interviste ad autori, editori, professionisti dell'editoria che vorremmo conoscere e con i quali, un giorno, collaborare. È un percorso lineare, pur non brevissimo, ma che se ben seguito con rigore e professionalità, può davvero portare a fare il salto e a far leggere il

all; still, they probably write. Undoubtedly, those who write would want the dedicated readers to read their work, in addition to mummy, daddy, members of the family, friends, in-laws and distant relatives, of course. They are aggressive and insistent as soon as they understand how to get their efforts into a publishing house, and this is where they generally make two naïve and glaring mistakes.

The first is to send the manuscript to "the publisher"; that is to the general address of the publishing house, or by e-mail to the secretarial office (more or less, the post room). It is as if a singer stood outside the doors to the Ariston theatre during the Sanremo Festival, singing their heart out, hoping to be noticed and launched into the jamboree. The waiting room of indifference.

The second is to believe that publishing operates by degrees of merit, like a social lift: you begin with a very small publisher and finally arrive at a giant. Small is not a synonym of incompetent bungler, you should be reasoning on a different set of criteria: a contract, good marketing, well-planned and generalized presence on the bookshop circuit, a tour of presentations in bookshops at national level, dynamic and targeted social media communication. Without these elements, publishing just to see your name in print is deleterious to the profession. Rather than a small publisher, it would be better to turn to crowdfunding for a targeted self-published product, or to brave the only scouting channel for new writers that publishing still sifts and trawls: the literary journals. And what will you publish on these journals? Pages from a debut novel? No. You will write reviews of published books, literary criti-

proprio manoscritto. A chi? Non alla portineria della casa editrice, ma agli editor specifici, responsabili della collana o del settore dove il manoscritto è diretto. Per la legge delle macchine ben oliate e dei vasi comunicanti, il primo gradino della lettura è occupato dai lettori di professione che, filtrando tanto, passano quel che ritengono abbia valore agli editor. Anche i bravi lettori professionali del cui parere fidarsi sono rari ma indispensabili, perché da loro passa tutto e attraverso di loro si opera la selezione massiccia, che falcia. Sono il setaccio del cercatore d'oro. Possono essere lettori fidati, esterni alla casa editrice o anche scout di agenzie letterarie, italiane o straniere. I lettori sono veloci, sono occhi e orecchie spalancate sulla maggioranza dei mercati internazionali, colti, sensibili, aggiornati, ben calati nel mondo dell'editoria, frequentatori di fiere (fondamentali Londra e Francoforte, Bologna per l'infanzia) e di presentazioni, di librerie indipendenti, lettori di riviste letterarie e di blog (quando non sono loro stessi blogger).

Qual è la fortuna di questa catena? Che un buon manoscritto è raro. La quasi totalità di quello che arriva è senza speranza alcuna, sin dall'incipit. E si può rinunciare a leggerlo senza alcun rimorso. Natalia Ginzburg nel suo *Lessico Famigliare* ricorda così l'editor Balbo: *"Non leggeva mai un libro per intero. Ne leggeva qualche brano qua e là, e subito s'alzava per andare a parlarne a qualcuno, perché bastava un niente a sollecitarlo, a farlo fermentare, a mettere in moto il suo pensiero"*. Questo metodo, aiutato dalla tecnica della lettura veloce, rende la prima lettura molto facile. Ma è a monte che si risolve già il problema: di per sé, statistica mostra che

cism, interviews with authors, editors and professionals from the field of publishing that you would like to meet and, one day, work with. It is a linear path, although not a shortcut, but if it is followed with exactitude and professionalism, it can truly lead to the great leap of getting your manuscript read.

So, who should you address the envelope to? Not to the doorman of the publishing house, but to the specific editor, the head of the relevant series or the department to which the manuscript belongs.

According to the laws of well-oiled machines and communicating vessels, the first step in the reading chain is occupied by the professional readers who act as a filter, passing on to the editor only that which they consider to be of value. Good, professional, trustworthy readers are rare but essential, because everything passes through their hands; they winnow and cull. They are the gold panner's sieve. They may be trusted readers working as consultants to the publishing house, or scouts from national or foreign literary agencies. Readers are quick, their eyes and ears open to the trends of the international markets, cultured, sensitive, informed, well-established in the world of publishing, frequenters of the book fairs (London and Frankfurt, and Bologna for children's books are fundamental) and of presentations, of independent bookshops, readers of literary journals and of blogs (when they themselves are not bloggers).

Fortunately for this chain, a good manuscript is uncommon. Almost everything that arrives is hopeless, starting with the incipit. It is possible to set it aside without remorse. In *Family Lexicon* Natalia Ginzburg recalled the editor Balbo: *"He*

The editor's job

la massa di cose scritte è noiosa, ripetitiva, senza senso, stile o carattere. Quindi, il solo accenno di scarto da questa legge matematica fa scattare le antenne del lettore professionista e dell'editor. Soprattutto quando si tratta di acquisizioni dall'estero e di suggerimenti da agenzie, si prescinde pure dal manoscritto in quanto tale, e l'editor si pone già domande tecniche: Chi lo propone? Chi lo ha acquisito? Dove è posizionabile e come nel nostro mercato? Questo lo scout non può farlo, è già qualità di editor e si affianca alla bontà della scrittura e della storia, con la calcolatrice in mano. Ma per tornare sul manoscritto, quello buono acchiappa, per la scrittura, intanto, prima che per la storia (salvo che l'editor non riceva una buona scheda da un lettore professionista, avendo un quadro anche della storia in anticipo). Anche una storia che catturi abbastanza l'attenzione da spingere un lettore

Marco Rana
Editor at Oscar Mondadori

Tutti quelli che lavorano in editoria sono in una certa misura vittime di un incantesimo: la fascinazione che questo mestiere esercita è potente. Occorre immunizzarsi, raccogliendo informazioni e pareri circostanziati. E decidere di scegliere questo lavoro con la massima consapevolezza: può essere un percorso professionale dolorosamente frustrante per i giovani ed è importante attrezzarsi per non rimanere delusi. Come tutti gli incantesimi, poi, anche questo ha delle radici profondamente reali: lavorare ai libri, con i libri, è una cosa bellissima.

Anyone who works in publishing is to some extent the victim of a spell: the enchantment exercised by this profession is powerful. We must vaccinate ourselves by gathering information and anecdotal opinions. We must decide to undertake this work with the utmost mindfulness: it can be painfully frustrating for young people and it is important to be prepared, if we are not to be disappointed. Like all enchantments, though, this too has profoundly real roots: working on books, with books, is a wonderful thing.

---

never read an entire book. He read a few passages here and there, and he immediately got up and went to speak to someone, because it took very little to capture his imagination, to get him going, to fire up his thinking." This method, together with speed reading techniques, makes it very easy to gain a first impression. However, the problem is solved even before this, since statistics show that the majority of written material is boring, repetitive, without meaning, style or personality. Therefore, the slightest deviation from this mathematical law is sure to draw the reader's and the editor's attention.

Especially when it is a question of buying in from a foreign publisher or suggestions from an agency, it is not even a matter of the manuscript. The editor will ask technical questions. Who is proposing it? Who has already bought it? Where could it be positioned on our market? The scout can't do this, it is a matter for the editor and goes hand in hand with the quality of the

a chiamarne un altro per raccontarla, è un buon segno. Allora si potranno leggere più pagine di seguito, senza distrarsi a cercare la fine, senza cercare le pause. Se la lettura scorre, seguendo anche una sua musica, allora è l'essenza dell'editor che si sveglia, la sua natura di comunicatore, l'esigenza di conquistare alla causa i colleghi e di assicurare alla casa editrice il manoscritto, l'autore/autrice se è nuovo. Essendo l'Italia posizionata su tre gradi di giudizio, diremmo che la giurisdizione del libro si compone di un primo grado (lettura professionale), un appello (editor), una cassazione (direttore di collana, editoriale o editore, a seconda). E come nel sistema giudiziario, il quarto giudizio è sempre quello del pubblico. Quale che sia l'opinione che la critica, gli intellettuali, i professionisti della parola scritta possano avere su un dato libro.

2. Cosa fa l'editor e con chi si relaziona?

Il rapporto tra autore e editor

Diamo per scontato che l'editor e l'autore devono entrare in grande sintonia, perché il primo è al servizio del testo ma non sempre l'autore ne è consapevole. Non è quindi una relazione semplice, né senza conflitti. Ma può diventare la storia di una vita e cambiare le sorti della letteratura stessa. Possiamo ignorare che dietro a Fitzgerald, a Hemingway e a Thomas Wolfe ci sia Max Perkins? Di Fitzgerald, alla Scribner's, tutti temevano la fama di giovane dissoluto, mani bucate, ubriacone. E lo affidarono all'intuitivo, paziente, coscienzioso Max, che ne divenne a tal punto amico da occuparsi poi sia delle sue finanze che del complesso ménage con Zelda. Con Hemingway il rapporto

---

writing and of the story, with a calculator at the ready. But, to return to the manuscript, a good one will strike home, through the style even before the story it tells (unless the editor has received a good review from a professional reader and already knows the story). A good story that captures the attention enough to encourage a reader to call another reader and describe it is a good sign. Then it is possible to read a number of pages, without peeking at the ending, without looking for the pauses. If the reading flows, following its own score, then the editor's very marrow is stirred: the communicative instinct, the need to bring colleagues on board, to ensure that the publishing house wins the manuscript (and the author, if they are new) is aroused. Just as Italian jurisprudence foresees three stages, we could say that publishing is composed of a lower court (professional reading), an appeal (the editor) and a supreme court (the director of the series or the publisher). Finally, as in the legal system the fourth judgement is always that of the public; whatever the opinion of the critics, the intellectuals, the professionals of the written word regarding a given book.

2. What do editors do and who do they work with?

The relationship between the author and the editor

We can take it for granted that the editor and the author must get along well, because the former is at the service of the text, although the author is not always aware of this. It is not, therefore, a simple relationship, nor is it without conflict. Still, it can become the story of a lifetime and change the fate of literature itself. Can

The editor's job

fu diverso: un giovane promettente, latin-lover, amante delle corride, suggeritogli da Fitzgerald. Il mantra di Perkins è che l'editor debba seguire i suoi autori per tutta la carriera, non solo per alcuni libri. Hemingway è uno scrittore di razza, solido e volitivo, perfetto. I suoi romanzi sono editati solo in qualche frase e, di solito, per ammorbidire la tendenza ad abusare di espressioni "colorite" o di un linguaggio troppo ruvido. Perché un buon libro non occorre cambiarlo, stravolgerlo. Non è questo il compito dell'editor. L'editor ascolta l'autore, ci entra in confidenza, ne stimola la creatività, ne mitiga gli eccessi, risolve le crisi. Un editor capisce anche quando un autore non è un genio epocale, ma un solido artigiano che non diventerà artista ma rappresenterà comunque una voce autentica. L'editor intercetta ciò che è in potenza e ancora non compiuto e porta l'autore, passo dopo passo, capitolo per capitolo – a volte frase dopo frase – esattamente dove deve andare. Se con Hemingway Perkins esalta le doti del genio, tanto che lo scrittore ne omaggerà la figura dedicandogli *Il vecchio e il mare*, con Wolfe è tutta un'altra storia. Wolfe è un talento

we ignore the fact that behind Fitzgerald, Hemingway and Thomas Wolfe stands Max Perkins? Everyone at Scribner's feared the reputation of the dissolute, spendthrift young Fitzgerald, and they entrusted him to the intuitive, patient, reliable Max, who became his friend to the point where he managed both his finances and his complex ménage with Zelda. The relationship with Hemingway – a promising young Latin-lover and a fan of bullfights, recommended to him by Fitzgerald – was different. Perkins' mantra was that the editor must follow his authors throughout their career and not just for a few books. Hemingway was a thoroughbred writer, solid and strong-willed, perfect, and his novels were edited only in a few phrases, just to soften the tendency to an excessive use of "colourful" expressions or rough language, because a good book will not need to be changed or shuffled around. This is not the task of the editor. The editor listens to the author, gains their confidence, stimulates their creativity, levels their excesses, resolves their crises. An editor also understands when an author is not an epic genius, but a solid craftsman who will never become an artist, but represents an authentic voice. The editor intercepts the imperfect potential of the author and step by step, chapter by chapter – sometimes phrase by phrase – guides them exactly where they need to go. While with Hemingway Perkins exalted the gifts of his talent, in fact the writer would pay homage to his editor by dedicating *The Old Man and the Sea* to him, with Wolfe it was quite another story. Wolfe was a raw talent, all heart and no head, torrential, and Perkins became his moderator, the thinking and critical ele-

grezzo, tutto cuore e niente testa, torrenziale, e Perkins ne diviene il moderatore, la parte pensante e critica, il censore e il cesellatore. Con Wolfe, il mestiere dell'editor diventa al più alto grado quello del co-creatore, una figura imparziale, razionale, distaccata ma sempre presente perché il meglio dell'autore venga fuori. I libri di Wolfe sono combattimenti parola dopo parola, giorno e notte, con Perkins, un uomo mite ma durissimo che esalterà a tal punto le doti dello scrittore da renderlo l'autore più osannato degli anni '40. Wolfe stesso, dopo averlo accusato di aver modificato l'anima dei suoi libri, prima di morire ne riconoscerà la grandezza umana e il debito che la letteratura ha verso di lui. Il caso di Perkins è la summa dell'ideale ruolo dell'editor, alle prese però con autori di incredibile grandezza e con un milieu culturale oggi inarrivabile. Ma rende nell'estremo anche l'idea di quel che accade nella quotidianità, la delicatezza del rapporto umano e insieme

Beatrice Masini
Editorial director at Bompiani

A un editor esordiente consiglio di non commettere l'errore di voler fare l'amico dell'autore. Con alcuni autori si può diventare amici, nel tempo, ma non è indispensabile, e soprattutto non è un legame da cercare o forzare. La capacità di saper fare un passo indietro e vedere le cose col giusto distacco è fondamentale, e l'amicizia qualche volta può essere d'intralcio.
I would advise a rookie editor not to commit the error of trying to become the author's friend. Some authors will become friends, over time, but it is not essential, and above all it is not a bond to be sought or forced. The ability to take a step back and see things with the right detachment is fundamental, it is the friendship that can sometimes get in the way.

ment, the censor and the chiseller. With Wolfe, the profession of editor reached the highest degree, that of co-creator, an impartial, rational, detached figure, ever present to ensure that the best of the author came to the fore. Wolfe's books were a struggle, word after word, day and night, with Perkins, a mild but inflexible man who exalted the gifts of the author to make him the most acclaimed writer of the forties. Before he died, Wolfe himself, although he had previously accused Perkins of altering the soul of his books, recognized his greatness and the debt that literature owes to him. The case of Perkins is the apex of the ideal role of the editor; he was dealing with authors of incredible greatness in a cultural milieu that is very different from today. His story is the epitome of the daily routine, the delicacy of the human and professional relationship. In part because it is not a question of working on an object, but on a creation that has a carnal element, even similar to the birth of a child. We can recall the way Giulio Einaudi described the relationship between Elsa Morante and her books in *Frammenti di memoria* (Nottetempo, 2009) – *"Elsa was very jealous of her writings, she read and re-read the proofs, checking every*

professionale. Anche perché non si tratta di lavorare su un oggetto, ma su una creazione che ha molto di carnale, al punto da rimandare al parto di un figlio. Viene alla mente come Giulio Einaudi descrive il rapporto fra Elsa Morante e i suoi libri in *Frammenti di memoria* (Nottetempo, 2009): *"Elsa era gelosissima dei suoi scritti, leggeva e rileggeva le bozze, controllava riga per riga ogni pagina, interveniva non solo nella scelta delle copertine, ma anche sul prezzo dei libri"*.

La relazione fra agente letterario e editor
Il servizio fondamentale di un agente è la rappresentanza dell'autore, che si può manifestare in molti modi, e che qualifica l'agente di conseguenza, a partire da servizi pratici come realizzare una scheda di presentazione del libro o un lavoro di editing. Per arrivare agli editori maggiori sarebbe meglio rivolgersi agli agenti maggiori, ma questi sono pochi e difficili da raggiungere per un esordiente o per un autore scarsamente noto. In Italia, prima c'erano solo Erich Linder e Luigi Bernabò, poi ne sono arrivati altri tra cui lo schivo Roberto Santachiara e la giovane brillante Laura Ceccacci. Gli agenti stranieri sono legioni, alcuni assurti agli onori della cronaca per via di proficui rapporti con autori divenuti celebri: da Christopher Little che ha contribuito con tenacia alla pubblicazione e al successo di J. K. Rowling, a David Godwin (agente di Arundhati Roy), a Kylee Doust (che rappresenta Federico Moccia). Ma a far tremare le scrivanie degli editor basta l'eco del nome di Andrew Wylie, colui che detiene i diritti dei maggiori artisti in ogni campo: letterario, artistico, cinematografico. Wylie ha soffiato dalle amorevoli mani di *Mamá Grande*, la

page line by line, she took part not only in the choice of the covers, but even in deciding the cover price of the books."

The relationship between the literary agent and the editor
The agent offers the vital service of representing an author, which may take many forms, starting with practical services, such as how to prepare a presentation of a book, or an editing process – all of which shows the value of the agent. In order to reach the principal publishers, it would be advisable to contact the best agents, but it is difficult for a novice or a little-known writer to reach them. In Italy, at first, there were only Erich Linder and Luigi Bernabò, then came others, including the shy Roberto Santachiara and the young, brilliant Laura Ceccacci. The foreign agents are numerous, some have come to the attention of the press thanks to their profitable relationships with authors who have become famous: from Christopher Little who tenaciously contributed to the publication and success of J. K. Rowling, to David Godwin (the agent of Arundhati Roy) and Kylee Doust (who represents Federico Moccia); but the man whose name makes editors' desks tremble is Andrew Wylie, who holds the rights to major artists in all fields: literary, artistic, cinema. Wylie whisked from the loving hands of *Mamá Grande*, the Catalonian Carmen Balcells, the posthumous rights of Borges and Bolaño (in fact, he is known as "the seducer of widows"), but this pair have since joined forces to set up a great and very powerful agency. Even Roberto Saviano, as his fame grew, left Santachiara for Wylie. That is business, of course. Wylie not only earns more for his authors, and therefore

catalana Carmen Balcells, i diritti postumi di Borges e Bolaño (infatti, viene anche chiamato "il seduttore di vedove"), ma i due si sono poi uniti in una grande, potentissima agenzia. Anche Saviano, con il crescere della sua notorietà, ha lasciato Santachiara per Wylie. È business, ovviamente. Wylie non solo fa guadagnare, e così a sua volta guadagna, ma è anche un raffinatissimo scout. Zadie Smith non era famosa quando lui l'ha voluta, e solo averlo come agente l'ha resa una delle autrici meglio pagate. Il rapporto agente-editor è così stretto – avendo entrambi a cuore, in modi diversi, gli autori con cui lavorano – che non è casuale oggi che i due mestieri si possano alternare, come è successo alla Ceccacci, in precedenza editor di Mondadori, Fazi e Fanucci. Essere stati su entrambi i lati della barricata aiuta a rappresentare meglio le sorti dei clienti. La differenza sostanziale fra i due mestieri è che l'agente cura gli interessi degli autori, l'editor quelli della casa editrice. Ma entrambi curano l'aspetto umano delle loro relazioni. Le questioni economiche sono ovviamente al centro del discorso, ma a volte il lavoro di agente e editor si avvicina: si ragiona di creatività, di qualità delle opere e non solo di posizionamenti in classifica. Nel tempo, il mercato è sempre più un'ossessione, anche in quello letterario che non muove certo cifre come quello del cinema o dei videogiochi. Questo era percepito anche da Giulio Einaudi, che così scriveva: *"I casi di possibili attriti sono infiniti, moltiplicati anche dagli agenti letterari e dagli agenti degli agenti, che non badano alla congenialità di un autore con un*

increases his own income, he is also a very experienced scout. Zadie Smith was not famous when he took her on, and it was only after he became her agent that she became one of the best-paid authors. The agent-editor relationship is so close – since they both rate the authors they are working with very highly – not by chance the two professions sometimes alternate, for example Ceccacci was previously an editor at Mondadori, Fazi and Fanucci. Having been on both sides of the barricade helps in representing the interests of the client. The main difference between the two professions is that the agent looks after the interests of the author, while the editor takes care of those of the publishing house. The economic questions are obviously central, but at times the work of the agent and that of the editor are similar; based on creativity, the quality of the work and not merely the positioning in the bestseller lists. In the meantime, the market is almost always an obsession, and in the literary market we are certainly not talking about the numbers of cinema and videogames. This aspect was also noticed by Giulio Einaudi who wrote, *"The reasons for possible disagreement are infinite, and are multiplied by the literary agents and by the agents of the agents, who do not consider the compatibility of the author and the publisher, nor do they take into account the personal relationships between a publisher and a foreign colleague, or even friendships, they only want to obtain a contract"* (from *Frammenti di memoria*, Nottetempo, 2009).

The right title
It is a bit like matching shoes and an outfit. When you get it wrong, however beauti-

editore né fanno caso ai rapporti personali tra un editore e un collega straniero, e neppure badano alle amicizie, ma solo a concludere contratti" (in *Frammenti di memoria*, Nottetempo, 2009).

Il titolo giusto
Forse è come le scarpe per un vestito. Quando le sbagli, per quanto l'abito sia bellissimo, tutti guarderanno le scarpe. Quando le azzecchi, tutti guarderanno te. Non c'è un solo modo di arrivarci, è chiaro. A volte è l'autore ad avere un titolo sin da subito, è la premessa stessa del suo libro, di quel tono sono fatte le frasi e quella è la sua voce. Ma spesso non è così, gli autori arrivano alla parola "fine" senza un barlume d'idea, incapaci di sintesi o proiezione. Spesso il titolo è nel libro, l'editor in quel caso lo cerca, setaccia le pagine, cerca la frase musicale. L'autore, a volte, è talmente dentro il libro che non riesce a far uscire neppure una frase, perché si tratta di una parte di sé che ancora trattiene. E questa è la spiegazione più gentile e generosa. Perché a volte l'autore ha proprio esaurito del tutto quel che voleva

ful the garment, everyone will look at the shoes. When you get it right, everyone will look at you.
There is no single way to get there, of course. Sometimes the author has a title from the start, it is the basis for their book, the tone is that of the sentences and of their voice. But often this is not so, the author reaches the words "the end" without a glimmering of an idea, incapable of synthesis or projection. Often the title lies within the book and in these cases the editor seeks it out, sifting through the pages, looking for the musical phrase. At times, the author is so involved with the book that they can't extricate even one phrase, because it is still so much a part of them (and this is the kindest and most generous explanation), because sometimes the author has simply exhausted what they had to say through their writing and they have no capacity for abstraction, either because they are a total novice, or because to create a title needs a sharp, pithy, darting mind and this does not allow for mediocrity, seriousness and lack of humour. Once again, the trust between the author and the editor helps to resolve the problem. Then there are the techniques, the suggestions that arrive from elsewhere: there are editors who flip through dictionaries of cinema, books of aphorisms, read poetry or lyrics, looking from external suggestions that strike a spark. There are also the catalogues of foreign publishers to be taken into account, how would the title be translated? What would it sound like? And sometimes there is a flash of inspiration, perhaps just luck. Or desperation. As in the case of Paolo Giordano, who had simply not thought of *La solitudine dei numeri primi (The Solitude of Prime Numbers)*.

dire con la scrittura, ed è privo di capacità di astrazione, oppure perché è un esordiente puro, oppure perché per fare un titolo ci vuole una testa acuta, sintetica, guizzante, e questo non contempla la mediocrità, la seriosità e l'assenza di umorismo. Anche qui il rapporto fiduciario fra autore e editor aiuta e risolve il problema. Poi ci sono le tecniche, le suggestioni che arrivano da altre parti: ci sono editor che sfogliano dizionari del cinema o libri di aforismi, leggono poesie o testi di canzoni, cercando suggestioni esterne, che facciano scattare la scintilla. Ci sono anche i cataloghi degli editori stranieri. Come verrebbe un titolo tradotto? Che suono ha? E a volte è un guizzo, forse la fortuna. O la disperazione. Un po' com'è accaduto a Paolo Giordano, che a *La solitudine dei numeri primi* proprio non aveva pensato.

La redazione

Primus extra pares, il caporedattore: a lui spetta l'onere del programma editoriale, del controllo delle scadenze (consegna dei testi, delle copertine, realizzazione delle fascette e via dicendo). Di solito è una figura di rilievo, capace di entrare anche in alcune questioni testuali, portando un valore aggiunto nella cura dei singoli libri. In fin dei conti, in una redazione editoriale ciò che accomuna tutte le figure coinvolte è una istintiva necessità di ordine, di costruire schemi di significato in un modo apparentemente caotico. Celebri le riunioni editoriali in Einaudi per la presenza in contemporanea di alcuni fra i più grandi scrittori e redattori del '900, da Pavese a Vittorini, a Calvino. L'apporto creativo di questi intellettuali copriva ogni aspetto ed esigenza della casa editrice. Quando Einaudi suggerì a

The editorial team

Primus extra pares, the editor-in-chief: their burden is the editorial programme, from checking deadlines (delivery of manuscripts and covers) to the preparation of the blurbs and so on. Generally, s/he is an authoritative figure, capable of settling textual matters, bringing added value to each title. After all, in an editorial team that combines all the figures involved there is an instinctive need for order, for constructing tiers of significance in an apparently chaotic manner. The editorial meetings at Einaudi were known for the contemporary presence of some of the greatest writers and editors of the twentieth century, from Pavese to Vittorini and Calvino. The creative contribution of these great intellectuals covered every aspect and requirement of the publishing house. When Einaudi suggested to Leone Ginzburg the name *Gli Struzzi* (the ostriches) for the main series, he, with his customary frankness and shrewdness, answered, "*I hope that the name* (of the series) *is not definitive,*

Leone Ginzburg il nome *Gli Struzzi* per la collana principale, lui, con la consueta schiettezza e acume, rispose: *"Spero tuttavia che il nome (della collezione) non sia definitivo perché farebbe pensare a libri indigeribili che solo uno struzzo può divorare"*. Gli editor, ogni giorno, si confrontano non solo fra loro scambiandosi stimoli, ma anche con diverse figure più "tecniche", indispensabili alla produzione. Il primo pensiero va all'ufficio diritti, senza il quale non è materialmente possibile aggiudicarsi la pubblicazione di un libro. Il *publishing* è quindi un percorso a tappe, collettivo, il fine: che nasca un libro. Qui, oltre al lavoro capillare dell'editor, inizia quello della redazione testi, dove è fondamentale il ruolo dei correttori di bozze. Senza questo lavoro di pazienza, dedizione, attenzione maniacale e trasversale alle parole, alla punteggiatura, agli "a capo", senza la cura delle sintassi e il coraggio di calarsi dentro stili di scrittura spesso disumani, il libro non sarebbe altro che caos primigenio prima del Big Bang. Come sarà stato lavorare alle bozze di *Horcynus Orca*, il ventennale assillo letterario di D'Arrigo, forse primo romanzo postmoderno italiano? Non occorre arrivare agli estremi di un Joyce, basta pensare cosa possa essere editare Camilleri per un correttore non siciliano. E vogliamo pensare all'incubo dei refusi? I social ci abituano alla sciatteria, agli errori del T9 o del correttore automatico o di Google Translate, che ricreano una lingua a sé stante, con errori privi di umorismo. Ancor più, quindi, si demanda al libro stampato l'arduo compito della purezza, del rigore. Un refuso in un libro è come la coppa d'oro del romanzo di James: non è rotta, ma ha una

because it would bring to mind books so indigestible that only an ostrich could swallow them."
The editors work together every day, exchanging ideas, but they also interact with more "technical" figures, essential to the production process. The first thought goes to the rights department, without which it would be materially impossible to publish a book. Publishing is, therefore, a collective task, carried out in stages and the end result is a book. Here, in addition to the capillary work of the editor, begins the editing of the text, where the role of the proof corrector is essential. This work requires patience, dedication, intense and multivariate attention to the words, to the punctuation, to the new lines and paragraphs, without neglecting the syntax and the courage to delve into often inhuman writing styles, without which the book would not be anything other than the primeval chaos of the Big Bang. What was it like working on the proofs of *Horcynus Orca*, the twenty-year literary obsession of Stefano D'Arrigo, perhaps the first Italian postmodern novel? It is not necessary to arrive at the ex-

lievissima incrinatura che rende odioso il pensiero della perduta perfezione. Il lettore purista scrive ancora oggi con ostinazione lettere e mail, o lascia messaggi sui social, per urlare la sua rabbia contro la violenza del refuso. Ecco, quindi, che un buon correttore di bozze è una figura chiave affinché l'editor passi una notte serena dormendo il sonno del giusto.

L'art director e l'ufficio grafico
L'editor si confronta anche con i grafici o con l'art director, se la casa editrice ne ha uno. Il dialogo è di scambio, quando si vuol fare funzionare tutto bene. Nella programmazione di una casa editrice di medie dimensioni le copertine possono avere una cadenza stagionale, si decidono ogni sei mesi circa, a ciclo continuo; più grande è la produzione, più ravvicinate saranno le uscite (trimestrali, quindi). Spesso esiste un copertinario, a cui tutti gli editor e i grafici fanno riferimento. L'art director e i grafici trasformano in immagini le indicazioni dell'editor. La redazione prepara per l'ufficio grafico, o discute con l'art director, i titoli in uscita periodica con schede il più possibile dettagliate (seguendo lo stato dei lavori di ogni titolo), che contengano gli elementi utili a pensare le copertine. Queste sono dei vestiti, come dice la parola inglese "jacket". D'altro lato, per un editor, ragionare di copertine è pensare a come tradurre, interpretare in un'altra lingua – quella visuale – le parole del libro. La copertina non rappresenta il testo nella sua letteralità, sarebbe inutile e ridondante. Coglie invece lo spirito, tradendolo anche un po'. Questo è un aspetto che diversi autori fanno fatica a digerire, a volte volendo decidere loro cosa li rappresenta

tremes of Joyce, it is sufficient to imagine what editing Camilleri must have been like for a non-Sicilian proof reader. And what about the typos? The social media have accustomed us to slatternly ways, the errors of T9, the automatic spelling corrections, the bloops of Google Translate that create a distinctive language, with unfunny errors. All the more reason for demanding of the printed book the arduous undertaking of purity and exactitude. A misprint in a book is like the golden bowl in James' novel, it is not broken, but it has a hidden flaw that makes the thought of the lost perfection odious. The purist reader still obstinately writes letters or e-mails, or leaves messages on the social media, ranting against the brutality of the typo. This is why a good proof reader is a key figure, allowing the editor to sleep peacefully at night.

The art director and the graphic design department
The editor will also deal with the graphic designers and the art director, if the publishing house has one. The interaction will be an exchange of views, if everything is to run smoothly. During the planning of a medium-sized publishing house, covers may be created at a seasonal rate, the larger the publishing house, the closer the deadlines (probably quarterly). Often there is a cover sheet that features all the upcoming books, and to which all editors and graphic designers refer. The art director and the graphic designers turn the editor's suggestions into images. The editorial team prepares data sheets (according to the stage that each title to be published has reached) containing a detailed description and all the elements considered useful when designing the covers, to be

di più (spesso attingendo al repertorio dell'arte figurativa più alta, la pittura), a volte entrando nel merito delle proposte, spingendo, indirizzando, criticando. Altri autori, invece, restano a distanza, ritenendo la copertina un elemento a loro esterno, qualcosa che riguarda più l'aspetto promozionale, le dinamiche editoriali e non quelle autoriali. Altri ancora entrano in sintonia con le proposte estetiche e si fanno conquistare dalle copertine, anche quando di traduzione in traduzione mutano. L'autrice indiana Jhumpa Lahiri parla dell'importanza della copertina nel suo breve saggio *Il vestito dei libri*: *"Per identificare e anche individuare il libro, per inserirlo in uno stile o in un genere. Per abbellirlo, per renderlo efficace nella vetrina di una libreria. Per incuriosire e far fermare un passante per strada, attirandolo dentro affinché prenda in mano il libro, affinché lo compri"*. In questo dialogo, complicato, entrano anche gli agenti: i passaggi sono numerosi e le mediazioni sottili. Einaudi ricorda come Gadda scegliesse personalmente le copertine dei suoi libri, in riunioni lunghe, dove la sua presenza fisica si imponeva a tutto e tutti, oppure che Carlo Levi – che teneva quasi più al suo essere pittore che scrittore – inevitabilmente voleva i suoi quadri come copertine. Lo stesso ricordo ha Guido Scarabottolo, per anni art director di Guanda, del lavoro con Dario Fo: l'autore premio Nobel chiedeva invariabilmente una copertina nuova, diversa, grafica o illustrata, e puntualmente, visto che nulla sembrava piacergli, finiva per scegliere uno dei suoi dipinti. Mondadori, Rizzoli, Feltrinelli, hanno avuto per anni art director competenti, illuminati, rivoluzionari, che hanno

presented to the graphic design department, or discussed with the art director. The covers are like the book's clothes, as the word "jacket" suggests. On the other hand, for the editor reasoning in terms of covers means thinking how to translate, to interpret in another – visual –language the words of the book. The cover does not represent the book in its literal meaning, that would be useless and redundant. Instead, it captures the spirit, perhaps even betraying it a little. This is an aspect that many authors find it difficult to accept, at times they want to decide what best represents them (often drawing on the acme of figurative art, painting), at times discussing the proposals, pushing, directing and criticizing. Other authors stand back, considering the cover something that does not concern them, a promotional matter linked to the editorial dynamics and not to the authorial aspects. Still others agree with the aesthetic proposals and approve the covers as they move from version to version.
The Indian author Jhumpa Lahiri in her brief work *The Clothing of Books* insists on the importance of the cover, *"it now serves to identify the book, to insert it into a style or genre. To embellish it, to make it more effective in the window display of a bookstore. To intrigue passersby so that, once attracted, they come in and pick it up, so that they buy it."* This complicated dialogue also involves the agents; there are numerous stages and subtle negotiations. Einaudi recalls that Gadda personally chose the covers of his books, during long meetings, where his physical presence dominated, or that Carlo Levi – who cared for his painting as much as his writing, perhaps even more – inevitably wanted his paintings as covers. Guido Scarabottolo,

determinato l'estetica vincente dei loro libri. Da John Alcorn a Ferenc Pintér, da Giacomo Callo a Cristiano Guerri, è l'identità a essere in gioco, e queste sono figure importanti nonché i principali interlocutori degli editor (o dei direttori editoriali, prima ancora). Einaudi ricorda gli inizi con Francesco Menzio, che ha disegnato la maggior parte delle copertine e sovraccoperte nei primi anni della casa editrice, passando poi all'uso delle foto e dei dipinti (una delle caratteristiche più durature e rappresentative di Einaudi), e inaugurando la collaborazione con grandi designer come Albe Steiner e Max Huber, il cui lavoro ancora oggi è un riferimento. Menzio sosteneva con Elio Vittorini *"ottimista e tenace, in simbiosi perfetta, vivaci ma dolci scontri durante le riunioni"*. Poi gli anni '60 e '70 con l'ingresso di Bruno Munari, il cui lavoro di consulente e designer può ancora riassumere la prassi oggi quasi invariata: *"Due volte al mese si svolgevano riunioni con il direttore tecnico, il direttore editoriale e commerciale. Ognuno portava le sue esigenze: Munari, velocissimo, cercava di interpretarle. In modo estremamente libero gli si facevano le critiche, lui ne teneva conto rifacendo il tutto se necessario anche varie volte, arrivando alla fine a risultati eccellenti"*.

Gli uffici marketing e comunicazione
Nel corso del tempo, soprattutto a partire dagli anni '80, il ruolo del marketing e dell'ufficio comunicazione è diventato sempre più importante. Ora è il rapporto più stretto e continuativo fra quelli necessari all'editor, forse perfino prima di autore e agente. La casa editrice, infatti, è principalmente un'azienda e il mercato è il suo riferimento. L'editor inizia il

who was the art director at Guanda for years, has a similar recollection about working with Dario Fo: the Nobel author inevitably asked for a new cover, different, more graphic or illustrated and, inevitably, nothing seemed to please him, until one of his paintings was chosen. Mondadori, Rizzoli and Feltrinelli have all had competent, illuminated, even revolutionary art directors for years, who have determined the triumphant aesthetic of their books. From John Alcorn to Ferenc Pintér, from Giacomo Callo to Cristiano Guerri, identity is at stake and these are important figures,

Paola Parazzoli
Freelance editor and editorial consultant

Se si tratta di un *picturebook*, per quanto riguarda gli illustratori è fondamentale saper scegliere la mano giusta per il racconto da illustrare. Non affidarsi alla livella della moda; il testo deve entrare in dialogo con le immagini, è una sintonia delicata e armonica che deve diventare sinfonia. Il bravo editor è un bravo sensale, e sa congiungere bene parole e immagini.
If it is a picturebook, it is essential to choose the right hand to illustrate the story. We must not follow fashion; the text must interact with the images; it is a delicate and sympathetic harmony that must become a symphony. A good editor is a good matchmaker, they can combine words and images successfully.

dialogo con il marketing molti mesi prima della pubblicazione di un libro; è l'editor colui che sceglie il libro, lo cura dall'idea dell'autore fino al visto si stampi, fa da "sponsor interno" affinché venga sostenuto con convinzione dalla casa editrice, in primis proprio dal reparto che si occuperà di dargli visibilità. Ogni giorno, uno dei primi incontri dell'editor è con il marketing, una riunione approfondita in cui vengono illustrate le caratteristiche dei vari libri e si fissano gli obiettivi (commerciali, letterari, d'immagine) che si intendono raggiungere. Questi incontri diventano poi piani di lancio, di vendita, di pubblicità, assumono aspetti diversamente creativi con cui il marketing lavora alla promozione. Promozione che avviene ovviamente attraverso i canali tradizionali, come la carta stampata, i media, la pubblicità standard, ma può assumere anche l'aspetto di gadget o di guerrilla marketing (molto usata all'estero). Negli ultimi anni poi è veicolata anche sui canali social, soprattutto con pagine dedicate su Facebook, o su Twitter e Instagram, dove forte è la presenza di immagini e video che parlano non solo dei libri, ma anche degli autori. I social hanno determinato uno spostamento netto delle strategie di mercato e di vendita, passando dalla distanza alla compresenza: oggi, del libro, si può anticipare molto, si possono creare strategie di attesa, costruendosi un pubblico prima ancora che il libro esista fisicamente. In questa ottica, gli editor più capaci sono quelli che hanno una strategia lungimirante ed elaborano con il marketing idee comunicative ampie e aperte, coinvolgendo i creativi (autori, designer, illustratori, fotografi) sin dalle prime fasi

the principal interlocutors of the editors (or, even before that, of the editorial directors). Einaudi recalls the early days with Francesco Menzio, who designed most of the covers and dust jackets in the early years of the publishing house, later moving on to use photographs and paintings (one of the longest-lasting and most representative characteristics of Einaudi) and inaugurating the collaboration with the great designers like Albe Steiner and Max Huber, whose work is a point of reference even now. Menzio undertook with Elio Vittorini *"optimistic and tenacious, in perfect harmony, lively but gentle clashes during the meetings."* Then, the sixties and seventies saw the entrance of Bruno Munari, whose work as a consultant and designer is still a summary of the almost unchanged practices of today. *"Twice a month there were meetings with the technical director, the editorial and commercial directors. Everyone brought their requirements to the table: Munari, swiftly tried to interpret them. In an extremely unconstrained manner, they presented their criticisms and he took them into account, even, if necessary, redoing everything again and again, until the final excellent results were reached."*

Chiara Scaglioni
Senior editor foreign fiction at Mondadori

Il rapporto con gli uffici marketing e comunicazione è di assoluta collaborazione, e mi mette anche alla prova: sono loro i miei primi interlocutori, i primi lettori, coloro ai quali racconto il romanzo che ho acquisito. Sono i primi che devo "convincere" e a cui devo riuscire a trasmettere la mia stessa passione e fiducia per il libro che sto presentando. Per noi editor i primi "acquirenti" sono i colleghi all'interno della casa editrice: se loro sono a bordo con lo stesso entusiasmo metà del lavoro è fatto!
The relationship with the marketing and communication departments is of utmost collaboration and I also find it very trying: they are my first interlocutors, the first readers, the people to whom I tell the story of the novel I have purchased. They are the first people that I must "convince" and to whom I must transmit my passion and faith in the book I am presenting. For we editors the first "buyers" are our colleagues in the publishing house: if they are on board, with the same enthusiasm, half of the work is done!

The marketing and communication departments

Over time, and above all since the eighties, the role of the marketing and communication departments has become increasingly important. Now it is the closest and most constant relationship amongst those essential to the editor, perhaps even more than that with the author and the agent. In fact, the publishing house is mainly a business and the market its benchmark. The editor begins the dialogue with the marketing department many months before a book is published; it is the editor who chooses the book, working on it from the author's idea to the approval of the final proofs, who is the "in-house sponsor" so that it is supported confidently by the publishing house, above all by the department that will be responsible for giving it visibility. Every day, one of the first meetings of the editor is with the marketing department, an in-depth discussion during which the characteristics of the various books are illustrated and the objectives (commercial, literary and image) are established. These meetings then become the launch plan, the sales plan and the advertising plan, taking on the variously creative aspects through which marketing promotes the titles. Promotion that obviously uses the traditional channels, like the press, the media, standard advertising, but may also come in the form of gadgets or guerrilla marketing (very popular abroad). In recent years it has also been channelled through the social media, above all on dedicated Facebook, Twitter or Instagram pages, where there is a strong presence of images and videos referring not only to the books, but also to the authors. The social media have determined a net shift in the mar-

della nascita del libro. Negli anni '50, l'idea di un libro veniva espressa così da un grande artigiano come Valentino Bompiani: *"Quando il libro nuovo arriva ancora 'caldo', poco più grande di un pane a cassetta, col suo sapore fatto di parole, speranze, delusioni condivise giorno dopo giorno, lo si sente nella mano come un alimento"*. Eppure, allora come oggi, resta sempre vera la cruda, netta posizione di Joseph Conrad: *"Si scrive soltanto una metà del libro, dell'altra metà si deve occupare il lettore"*.

Marco Corsi
Editor paperbacks, classics and mass-market at Mondadori

Per usare una formula già a pieno titolo entrata nella tradizione editoriale del Novecento, ma piegandola a questa occorrenza, si può dire che l'editor ha da essere fondamentalmente un transistor. La metafora analogica, nella sua apparente inattualità, cela invece una sostanza sempre stupefacente: nonostante la modernità e l'evoluzione tecnologica degli strumenti di lavoro, le sue doti essenziali rimangono pur sempre umane.

To use a formula already common in the editorial traditions of the twentieth century, but bending it to fit this situation, we could say that the editor must fundamentally be a transistor. The analogical metaphor, in all its apparent outdatedness, hides a constantly amazing fact: despite the modernity and the technological evolution of the work tools, the essential talents still remain human.

keting and sales strategies, passing from distance to compresence: today the book can be pre-sold, it is possible to implement strategies of expectation, building a public even before the book physically exists. In this field the most skilful editors are the ones who have a farsighted strategy, elaborating open and wide-ranging communicative ideas with the marketing department, involving creatives (authors, designers, illustrators and photographers) in the first stages of the birth of a book. In the fifties, Valentino Bompiani, a great publisher with a craftsman-like approach, said: *"When the book arrives, still 'hot', little bigger than a slice of bread, with its flavour of words, hopes, disappointments shared day after day, you hold it like food in your hand."* Even today, as then, there is still the harsh, stark position of Joseph Conrad, *"One writes only half the book; the other half is with the reader."*

I PRINCIPALI SEGNI DEL CORRETTORE IN ITALIA
THE MAIN SYMBOLS FOR PROOF CORRECTION IN ITALY

⌢   unire eliminando tutto lo spazio
one word, no space

✕   sopprimere
delete

⌢̲✕   sopprimere e riunire
delete and close up space

✳   inserire uno spazio saltato tra le parole
insert space between the words

(|)   diminuire lo spazio tra sinistra e destra
reduce the space between left and right

⌒̲   diminuire lo spazio tra alto e basso
reduce line spacing

)|(aumentare lo spazio tra sinistra e destra
increase the space between left and right

⌣̅   aumentare lo spazio tra alto e basso
increase line spacing

⤶   testo di seguito nella riga e non a capo
run on/remove new paragraph

⊐   a sinistra: togliere una rientranza
a destra: far rientrare il testo
left: no indent, right: indent

⊏   a sinistra: far rientrare il testo
a destra: togliere una rientranza
left: indent, right: no indent

||| allargare lo spazio tra i caratteri di una parola
insert space between characters

ʌʌʌ   allargare lo spazio tra parole
insert space between words

I più comuni segni di riporto tra margine e testo:
The most common carry marks between margin and text:

⌐	ricomporre le righe per allungare un righino reset lines to lengthen by one line
⌐	ricomporre le righe per far rientrare un righino reset lines to reduce by one line
[	a inizio riga: eseguire il capoverso all'interno di riga: mandare a capo at the start of a line: new paragraph within a line: new line
⊔⊓	scambiare di posto due lettere o parole nella riga invert two characters or words in a line
⌐	spostare le righe evidenziate dove indicato dalla freccia move the lines marked in the direction of the arrow
₁₂	carattere in pedice in lower script
¹²	carattere in apice in superscript
(?)	dubbio query
	la correzione segnata non va eseguita ignore correction marked

FIERE E FESTIVAL
FAIRS AND FESTIVALS

Fiere Fairs

Abu Dhabi International Book Fair
— *Abu Dhabi, United Arab Emirates*
Bologna Children's Book Fair
— *Bologna, Italy*
Bookexpo America
— *Different cities, USA*
China Shanghai International Children's Book Fair
— *Shanghai, China*
Feria Internacional del Libro de Bogotá
— *Bogotá, Colombia*
Feria Internacional del Libro de Guadalajara
— *Guadalajara, Mexico*
Frankfurter Buchmesse
— *Frankfurt, Germany*
Hong Kong Book Fair
— *Hong Kong, China*
Leipziger Buchmesse
— *Leipzig, Germany*
Moscow International Book Fair
— *Moscow, Russia*
Più libri più liberi
— *Rome, Italy*
Salon du Livre
— *Paris, France*
Salone Internazionale del Libro di Torino
— *Turin, Italy*
Seoul International Book Fair
— *Seoul, South Korea*
Sharjah Children's Reading Festival
— *Sharjah, United Arab Emirates*
The London Book Fair
— *London, UK*
Tokyo International Book Fair
— *Tokyo, Japan*

Festivals

BookCity
— *Milan, Italy*
Book Pride
— *Milan, Italy*
Capalbio Libri
— *Capalbio, Italy*
Dialoghi sull'uomo
— *Pistoia, Italy*

Festival de la Bande Dessinée d'Angoulême
— *Angoulême, France*
Festival della Mente
— *Sarzana, Italy*
Festivaletteratura
— *Mantua, Italy*
Isola delle storie
— *Gavoi, Italy*
La grande invasione
— *Ivrea, Italy*

Lucca Comics & Games
— *Lucca, Italy*
Pisa Book Festival
— *Pisa, Italy*
Pordenonelegge
— *Pordenone, Italy*
Taobuk
— *Taormina, Italy*
Una marina di libri
— *Palermo, Italy*

Sara Reggiani
Founder and editorial director at Edizioni Black Coffee

Partecipare alle fiere è fondamentale per farsi conoscere, per confrontarsi con i lettori e calibrare la propria strategia. Le presentazioni canoniche funzionano relativamente se non sei un grosso editore, per questo abbiamo deciso di portare i libri direttamente a casa del lettore con il podcast *Black Coffee Sounds Good*.
Taking part in bookfairs is fundamental for presenting the publishing house, meeting readers and adjusting your strategy. The canonical book launches also work relatively well if you are not a major publisher, that is why we decided to bring our books straight into the homes of readers with the podcast *Black Coffee Sounds Good*.

L'EDITORE IN UN'ISTANTANEA

SNAPSHOT OF A PUBLISHER

di by Giacomo Benelli

I, i vestiti nuovi dell'imprenditore
Scegliere di fare l'editore significa implicitamente diventare un imprenditore.
E dunque per iniziare servono un capitale e una buona dose di capacità gestionale per farlo durare e fruttare: in poche parole serve saper far di conto e tenere un bilancio.
Aldo Manuzio, capostipite rinascimentale della progenie degli editori, pare abbia iniziato la sua attività di tipografo anche grazie alle finanze di Alberto III Pio, signore di Carpi.

La casa editrice è un'impresa culturale, ma rimane pur sempre un'azienda, la cui attività principale consiste nella produzione e distribuzione di testi e altri prodotti multimediali (soprattutto per quanto riguarda i grandi gruppi editoriali) col fine di trarne un utile economico.
Il libro dunque, da questo punto di vista, è un oggetto e un bene di consumo.

E, l'ecosfera
L'editore costruisce la propria casa editri-

T, the entrepreneur's new clothes
Choosing to become a publisher implicitly means becoming an entrepreneur.
So, if the enterprise is to last and be profitable, to begin with you will need capital and a good dose of managerial skill; in other words, it is necessary to be numerate and know how to budget. Aldo Manuzio, Renaissance ancestor of all publishers, would appear to have started his printing business also thanks to funds from Alberto III Pio, Prince of Carpi.
The publishing house is a cultural enterprise, but it is still a business, whose main activity consists in producing and distributing books and other multimedia products (above all when it comes to the major editorial groups) with the aim of making a profit.
The book is therefore, from this point of view, an object and a commodity.

E, the ecosphere
The publisher sets up their publishing house as a sustainable cultural ecosphere. Scientifically speaking, the ecosphere is a

ce come un'ecosfera culturale sostenibile. L'ecosfera, in senso tecnico, è la parte più bassa dell'atmosfera terrestre dove si può sviluppare la vita.
Si tratta di un sistema organico fondato sull'equilibrio delle parti, sull'interazione tra esseri animati e inanimati nell'armonia dei loro ruoli.
No, non possiamo chiedere tanto a una casa editrice, ma ci pare un'ottima stella polare da seguire.

D, dipendente/indipendente

Quella di editore indipendente è una categoria ormai entrata nell'uso quotidiano, ci sono festival di editoria indipendente, manifestazioni e associazioni.
Possiamo metterla a fuoco attraverso la definizione formulata dalla categoria stessa: "Siamo un gruppo di editori indipendenti, con dimensioni, cataloghi, fatturati, marchi, interessi diversi. Nessuno di noi fa parte di un gruppo editoriale. Nessuno di noi esercita sul mercato editoriale una posizione di monopolio, né all'interno della filiera distributiva né delle librerie. Nessuno di noi ha nella propria casa editrice partecipazioni societarie di soggetti che rivestono posizioni di monopolio. Nessuno di noi ha partecipazioni societarie di distributori o di catene librarie" (Manifesto dell'ODEI – Osservatorio degli editori indipendenti). Automaticamente si configura l'altra metà del cielo: grossi gruppi editoriali, con produzioni massificate, che partecipano in vario modo anche alla catena distributiva e delle librerie.

A, addomesticare l'abbondanza

In semiotica si definisce "informazione" quel testo che riduce il grado di incertezza nel mondo.

planetary closed ecosystem in which life can develop. It is an organic system in which the balance between the elements, the integration between animate and inanimate and the synchronization of their roles happens continuously.

No, of course we cannot ask so much of a publishing house, but it seems an excellent lodestar to follow.

I, independent or in-house?

The independent publishers are now a fully-fledged category, there are festivals for independent publishers, events and associations.
We can identify them using their own definition: "We are a group of independent publishers, of varying size, with varying catalogues, turnover, brands and interests. None of us belongs to an editorial group. None of us holds a monopoly on the editorial market, or within the distribution chain of the bookshops. None of our stakeholders has a monopoly position on the market. None of us is a stakeholder in distribution companies or bookshop chains" (from the *Manifesto dell'ODEI* –

Mariagrazia Mazzitelli
Editorial director at Salani

Una partita di calcio può avere quattro risultati diversi: vince la squadra A, vince la squadra B, il pareggio, la partita non viene disputata. Comunicare il risultato a qualcuno significa abbattere le opzioni a una a una, fare ordine nel mondo.
L'editore si comporta per certi versi allo stesso modo, nell'abbondanza strabripante di proposte di pubblicazione seleziona quelle da far diventare libri. È signore del caos e custode dell'ordine, almeno del suo.

G, galassia
All'editore non è richiesto solo di trovare, con l'aiuto dei suoi collaboratori, buoni libri, ma anche di stimolare intorno a questi un pulviscolo di interesse che intercetti e accolga i lettori.
Questa nube che ciascun titolo dovrebbe portare con sé promana dal centro della

---

È anche la capacità di dire bugie. Come accaduto una volta alla Fiera di Bologna: una famosa autrice non vede nello stand la copia del suo romanzo pubblicato l'anno prima e che avevamo dimenticato. Visibilmente seccata chiede spiegazioni. "L'hanno rubato" è la mia risposta, figlia della disperazione. E l'autrice ne è orgogliosa, perché rubare libri è qualcosa di diverso, sono oggetti a statuto speciale.

It is also the capacity to tell lies. Once, at the Bologna Children's Bookfair, a famous author could not see a copy of her novel, published the year before, on the stand (we had forgotten to bring it). Clearly upset, she demanded an explanation. "It was stolen," I answered in desperation. The author was proud, because stolen books are something different, they are objects with special status.

Osservatorio degli editori indipendenti). This description automatically identifies the other side of the picture: the major editorial groups, with their mass production, who also have a hand, in numerous ways, in the distribution chain and in the bookshops.

T, taming the abundance
In semiotics "information" is seen as a text that reduces the uncertainties of the world.
A football match can have four different results: team A wins, team B wins, a draw, the game is not played. Communicating the result to someone means reducing the options one by one, setting the world to rights.
In some ways, the publisher does the same: from the overflowing abundance of proposals for publication, he chooses which will become books. He is the lord and the custodian of order, at least, of his own order.

G, galaxy
The publisher must not only discover good books, with the help of his staff, he must also stir up an ion storm of interest around them that will attract and draw in the readers.

galassia editoriale, in altri termini dall'identità della casa editrice, ed è composta da valori culturali, dalle declinazioni del gusto e dal confronto con i lettori.

M, tempi moderni
L'affermarsi del web ha costretto gli editori a reinventare in parte il loro ecosistema. Da un lato il *self-publishing*, che vede la disintermediazione tra autore e produzione dell'oggetto libro, e dall'altro le nuove fruizioni della lettura: l'e-book e le vendite online dei libri. Il web ha inoltre favorito la possibilità di un contatto sempre più diretto tra autore e lettori e tra l'editore stesso e il suo pubblico. Sono diverse le risposte date dagli editori a questo nuovo panorama, ma tutte si indirizzano verso un'appropriazione del mondo virtuale o la creazione di nuovi spazi fisici per l'incontro e la condivisione con la propria comunità di lettori: siti e servizi online di *self-publishing*, *scouting* attraverso concorsi letterari per esordienti, festival culturali e riviste in gran parte digitali. All'editore è dunque richiesto di

This storm, which must surround each title, emanates from the editorial galaxy, in other words, from the identity of the publishing house, and comprises the cultural values, the declinations of taste and the meeting with the readers.

M, modern times
The assertion of the web has forced publishers to partially rethink their ecosystem. On the one hand, you have self-publishing, which removes the intermediation between the author and the actual production of the book, and on the other the new ways to enjoy reading: the e-book and online sales of books. The web has also encouraged the possibility of increasingly direct contact between the author and the readers and between the publishers themselves and their public. The responses from the publishers to this new panorama have been diverse, but all directed at tak-

Marzia Corraini
Publisher at Corraini Edizioni

L'identità è la costruzione nel tempo della personalità della casa editrice, attraverso le scelte che facciamo. I nostri libri possono sembrare apparentemente molto diversi l'uno dall'altro, sia nei contenuti che nella veste grafica, ma in realtà sono tutti legati dall'idea di progetto.
Our identity lies in the construction over time of the publishing house's personality, through the choices we have made. Our books may seem to be very different from each other, both in the content and in the format and design, but in fact they are all linked to the concept of a project.

reinterpretare sempre la propria identità mettendola in filigrana con lo spirito del suo tempo.

N, no no, sì sì
Fare selezione delle proposte, creare e mantenere cioè una linea editoriale, più o meno frastagliata, è ai minimi termini un'operazione di assenso/dissenso.
Rifiutare e scegliere sono le due vie dell'editore: posso capire chi sei non solo da ciò che ti piace ma anche – e forse meglio – da ciò che non desta in te alcuna passione.
Il portato di questa operazione è la nascita di un "discorso culturale", da parte della casa editrice, con il quale il lettore sente di potersi sintonizzare, ne riconosce i valori come propri e vi ripone fiducia.

ing charge of the virtual world, or creating new physical spaces for meeting and sharing with their community of readers. The outcomes range from online services and sites for self-publishing, scouting for new writers through literary competitions, cultural festivals and journals, mainly digital. The publisher is therefore required to constantly reinterpret their role, watermarking it with the spirit of the time.

N, no, no, yes, yes
To select the proposals, to create and maintain a more or less zig-zag editorial theme, is at very least an operation of assent/dissent.
To refuse and choose are the two options open to the publisher: I can understand who you are not only from what you like but also – perhaps even more so – from what does not stir you.
The extent of this operation is the birth of a "cultural discourse" on the part of the publishing house, with which the reader can syntonize, recognizing the values as their own and placing their trust in it.

Il lavoro di un editore è quello di mediare tra un mondo di autori e uno di lettori, cioè di trasformare il testo di un autore in un libro per un lettore. Da questo punto di vista, non molto cambierà. Io non credo al cosiddetto *self-publishing*.
La mediazione è sempre necessaria. I libri che funzionano sono quelli che soddisfano il lato economico e insieme accrescono il valore della casa editrice, che in fondo è un grande macrolibro fatto da tanti libri singoli.

The work of a publisher is to mediate between the world of the authors and that of the readers, that is to transform the author's text into a book for the reader. From this standpoint, not much will change. I don't believe in the so-called self-publishing. Mediation is always necessary. The books that work are the ones that meet the economic criteria and at the same time increase the value of the publishing house, which is after all, one macrobook composed of many individual books.

Luca Formenton
President of il Saggiatore and Fondazione Arnoldo e Alberto Mondadori

Snapshot of a publisher

IL RAPPORTO EDITORE-AUTORE

THE PUBLISHER-AUTHOR RELATIONSHIP

di by Giacomo Benelli

Sui rapporti tra editori, alcuni notissimi, e autori, di altrettanta fama, esiste una vasta letteratura: dall'aneddotica alla vera e propria storiografia editoriale.
Le voci che abbiamo raccolto sul tema dai diretti interessati, gli editori, si sono spesso risolte in un "stringiamo rapporti di grande amicizia, autentici sodalizi umani e culturali".
Pudore non interamente di maniera, visto che le vicende dell'editoria hanno registrato e registrano connubi felicissimi tra scrittori e case editrici, in cui le due parti si pongono una al servizio dell'altra nella ricerca del miglior prodotto possibile.
Rovinando l'atmosfera dell'idillio amicale con un dato di realtà, possiamo ancorare il rapporto autore-editore a quello che cogentemente li lega: il contratto.
E forse, a fare una storiografia dei contratti editoriali, scopriremmo anche come la variabile del grado amicizia o inimicizia non sia slegata da quella che determina il numero di zeri degli anticipi e delle *royalty*. Ma non vogliamo pensar male, solo scriverlo.

Much has been written about the relationship between authors, some very well-known, and publishers: from anecdotes to full-blown publishing historiography.
The voices we gathered on this topic from those involved, the publishers, often boiled down to "we make great friendships, genuine human and cultural partnerships." This is not just good manners, since the vicissitudes of publishing have seen and continue to see blissful alliances between writers and publishing houses, in which the two parties reciprocally offer their talents to attain the best product possible. However, to spoil this idyllic fellowship with a dose of reality, we can anchor the publisher-author relationship to that which binds them: the contract.
Perhaps, if we review the history of publishing contracts, we will discover that the variability of the degree of friendship or enmity is not unconnected to the document that determines the number of zeros on the advance and the royalties. We don't want to think ill, just to write it. This prosaic fact also explains the difficulties of

Questo dato così prosaico spiega anche la fatica dei piccoli editori nel mantenere la fedeltà alla scuderia di un autore dalle ottime vendite da loro scoperto e incessantemente sottoposto alle sirene finanziarie di editori più grandi.

E veramente in questo caso c'è da immaginare che il piccolo editore – dalla liquidità e dalle risorse limitate – possa colmare questo divario con qualcosa che non è in vendita: la qualità di un rapporto umano, la condivisione della medesima idea di letteratura, insomma un vero e proprio consentimento morale e professionale tra autore ed editore. Se dunque ogni autore stringe con il proprio editore un rapporto ovviamente unico e personale difficilmente indagabile come macrofenomeno, possiamo ricondurre a una certa casistica universale quello tra due categorie più astratte: "l'editore" e "l'esordiente". Per maggiore chiarezza immaginiamo che l'editore sia il diretto referente per l'esordiente – cosa che può avvenire in piccole case editrici – tralasciando invece tutte le figure di intermediazione presenti in realtà più grandi: lettori, editor, direttori editoriali.

L'atmosfera di una casa editrice – che nel nostro esempio puramente teorico corrisponde "all'editore" – è sottoposta a una pioggia, più o meno monsonica, di manoscritti di esordienti.

Per esperienza diretta ricordo di aver visto all'ingresso di una nota casa editrice milanese un singolo cassetto di comò appoggiato a un corposo cumulo di manoscritti. Strappato ai suoi fratelli di faggio e lì abbandonato. All'interno, i segni lasciati da due grosse strisce di scotch da imballo e un'etichetta che recitava,

the small publishing houses in keeping an author with good sales faithful to their stable, since they are constantly subject to the siren call of the larger publishers.

In this case it is quite clear that the small publisher – with limited cashflow and resources – will need to fill the gap with something that is not for sale: the quality of the human relationship, the sharing of the same idea of literature, all in all a genuine moral and professional consensus between the author and the publisher.

So, while every author forms a unique and personal relationship with their publisher that it is difficult to consider as a macro-phenomenon, we can draw a certain universal casuistry from the two more abstract categories: "the publisher" and "the rookie author." For greater clarity, we will imagine that the publisher is the direct interlocutor for the rookie – this may occur in smaller publishing houses – leaving out the intermediate figures present in the larger publishing companies: the readers, the editors, the editorial directors. The publishing house – which in our purely theoretical example corresponds to "the publisher" – is subject to a monsoon of manuscripts from neophytes. I recall seeing a dresser drawer leaning against a large pile of manuscripts at the entrance of a well-known publishing house in Milan. Torn from his beechwood brothers and abandoned there; inside, the marks left by two large strips of packing tape and a label that read, if I remember rightly, "I have always dreamed of publishing a book with you, here it is, finally out of my drawer." Judging by the dust covering the surface, rather than dreaming, that drawer was taking a long nap in the corridor, and the fate of the manuscripts was equally lethargic.

andando a memoria, "Ho sempre avuto il sogno nel cassetto di pubblicare un libro con voi, eccolo".

A giudicare dalla polvere depositata sulla superficie, quel cassetto più che sognare stava schiacciando un lunghissimo sonno in quel corridoio, e il destino del manoscritto è stato altrettanto letargico.

Il nostro editore non può leggere tutti i manoscritti che gli piovono sul tavolo, e non per malanimo.

A una media di venti manoscritti al mese non dovrebbe occuparsi d'altro se non della lettura, completamente casuale, di opere di sconosciuti che magari in un'ottica di ottimizzazione dell'impegno hanno inviato la loro proposta un po' a tutti gli editori dell'elenco telefonico, senza curarsi troppo della congruità del testo con la linea editoriale di ciascuno.

Esiste anche il libro che va bene per qualsiasi editore: l'elenco del telefono appunto.

Per questo motivo una non risposta a seguito dell'invio può lasciare l'amaro in bocca, ma è comunque un atto di comunicazione assai esplicito.

Our publisher cannot read all the manuscripts that rain onto his desk, and not because he is malevolent. With an average of twenty manuscripts a month, he would do nothing other than indiscriminately read works by total strangers who, perhaps with the intention of optimizing their efforts, have sent their proposal to all the publishers they could find in the telephone directory. A book that is right for all publishers does exist; it is precisely the telephone directory. That is why the lack of response to the pro-

Ho sempre sognato, da quando avevo 18 anni e recitai alcune sue poesie in uno spettacolo off

Luca Formenton
President of il Saggiatore and Fondazione Arnoldo e Alberto Mondadori

dei primi anni '70, di diventare l'editore italiano del famoso poeta americano Allen Ginsberg, quello di *Urlo*, per intenderci. Dopo una lunga trafila, un giorno bussai alla porta del suo studio a Union Square, a New York. Ginsberg mi squadrò, anche gentilmente, da capo a piedi, mi fece un terzo grado su cosa fosse per me la poesia nell'editoria, poi mi regalò, autografandoli con simboli buddisti, alcuni suoi libri. Alla fine mi prese sottobraccio e facemmo a piedi una cinquantina di isolati fino all'ufficio del suo agente, il famoso e temuto Andrew Wylie. "Questo è il mio nuovo editore italiano", disse. Per me, un momento di grande felicità.

I had always dreamed, ever since I was 18 years old and recited some of his poems during a fringe event in the early seventies, of becoming the Italian publisher of the famous American poet Allen Ginsberg, the writer of *Howl*, to be clear. After a long rigmarole, one day I knocked on the door of his studio in Union Square in New York. Ginsberg looked me up and down kindly, grilled me on the role of poetry in publishing and then he gave me, autographing them with Buddhist symbols, some of his books. Finally, he took me by the arm and we walked about fifty blocks to the offices of his agent, the famous and feared Andrew Wylie. "This is my new Italian publisher," he said. It was a moment of great happiness for me.

The publisher-author relationship

La formula "la nostra programmazione è già completa per i prossimi due anni", invece, è certamente falsa ma più educata e sinceramente leale: non posso avere il tempo di leggere la tua prosa ma te lo dico in altra forma, senza millantare pareri.

Oltre all'invio puro, ingenuo, quasi primitivo del manoscritto all'editore, può capitare anche l'invio conto terzi, meglio noto come raccomandazione. Un autore già presente in casa editrice può caldeggiare con più o meno convinzione l'opera prima di un altro scrittore: anche in questo caso l'atteggiamento di un editore spesso è diffidente, a meno che non ci sia un'esplicita e intensa opera di sponsorizzazione. Il dubbio che l'autore, sotto qualche pressione, abbia dovuto agevolare l'atterraggio del manoscritto sulla sua scrivania è sempre più forte dell'impresa di leggerlo per intero.

Ma allora come nasce il rapporto tra un editore e un esordiente, se tralasciamo l'azione di intermediazione delle agenzie letterarie e di *scouting*?

Spesso questa relazione nasce da lontano, nel tempo.

Il nostro editore, scavalcata la pila dei manoscritti, legge ancora con piacere, soprattutto sorveglia quei vivai di nuovi autori che sono le riviste letterarie (cartacee o digitali), le scuole di scrittura, gli altri editori, i premi e i concorsi per esordienti.

Secondo una felice metafora proposta da Umberto Eco, l'editore si comporta come il manager di una squadra di calcio affermata: assiste alle partite della serie inferiore in cerca di nuovi talenti, che però non siano del tutto puri della pratica del mestiere e che abbiano già iniziato un percorso di gavetta, per liberarli dalle scorie dell'inesperienza e permettere loro di sbocciare nelle giuste condizioni professionali.

posal may disappoint, but it is actually a very explicit communication. The formula "our editorial programme is already complete for the next two years" is certainly not true, but more courteous and sincerely fair: I haven't had time to read your prose, but I will tell you that in another way, without offering an opinion.

In addition to the simple, naïve, almost primitive shipping of the manuscript to the publisher, it may arrive through a third party, better known as a recommendation. An author already present in the publishing house may promote, more or less convincingly, the work of another writer – also in this case the publisher is often diffident, unless there is an explicit and intense sponsorship. The doubt that the author, under some pressure, had to place the manuscript on the publisher's desk is always stronger than the task of reading the entire typescript. So, how does the relationship between a publisher and a novice writer start, if we forget the intermediation of the literary agencies and scouts? Often this relationship has its origin way back in time. Our publisher, having climbed over the pile of manuscripts, still reads with pleasure, above all s/he keeps an eye on that nursery of new authors to be found in the literary journals (printed or digital), the writing schools, the other authors, the awards and competitions for new authors. According to an apt metaphor by Umberto Eco, the publisher behaves like the manager of a successful football team: he watches the matches of the lower division, looking for new talents, who are not quite formed and who have just begun their apprenticeship, freeing them of their inexperience and allowing them to bloom in the right professional conditions.

Il rapporto editore-autore

LA SQUADRA EDITORIALE
THE EDITORIAL TEAM

Editore Publisher
Con il rischio di deludere chi ha sempre visto l'editore avvolto in un'aura romantica, la definizione più vicina alla realtà è quella di un soggetto economico che opera sul mercato, con un ruolo di mediazione tra gli autori e il pubblico dei lettori. Spesso dà il nome alla casa editrice, come nel caso di Mondadori, Rizzoli, Feltrinelli o Einaudi.

At the risk of disappointing those who have always seen the publisher enveloped in a romantic aura, the closest definition to reality is that of an entrepreneur, who operates on the market, with a role of mediator between the author and the reading public. Often the surname becomes the name of the publishing house, as in the case of Mondadori, Rizzoli, Feltrinelli or Einaudi.

Amministratore delegato
Managing director
Figura amministrativa che si occupa delle risorse dell'azienda e ne gestisce l'andamento economico. A volte coincide con l'editore o il direttore editoriale. Valuta il mercato e quindi le potenzialità di vendita di un libro.

An administrative figure who deals with the corporate resources and manages the financial matters. At times, the same person as the publisher or the editorial director. S/he evaluates the market and the sales potential of a book.

Direttore editoriale Editorial director
Definisce il piano editoriale e di conseguenza l'identità della casa editrice attraverso la scelta dei libri da pubblicare. In una piccola o media casa editrice la sua funzione coincide spesso con quella dell'editore.

Sets out the editorial programme and, consequently, the identity of the publishing house through the choice of the books to be published. In a small to medium publishing house, the role often coincides with that of publisher.

Editor
Figura centrale e di collegamento tra le diverse figure professionali della casa editrice. Legge e valuta i manoscritti, lavora sul testo insieme all'autore e lo cura in toto fino al visto si stampi. Fa da "sponsor interno" perché il libro venga sostenuto da tutte le altre figure della casa editrice.

A central figure linking the various professionals working in the publishing house. S/he reads and appraises the manuscripts, works on the text with the author and is responsible for the entire process until the book is approved for the press. S/he is the "in-house sponsor" who ensures that the book is supported by all the figures in the publishing house.

Caporedattore Editor in chief
Tiene le fila del programma editoriale e si preoccupa che tutte le scadenze vengano rispettate (consegna dei testi, delle copertine, delle fascette e via dicendo); richiama all'ordine gli autori e i collaboratori quando sono in ritardo sui tempi previsti.

Holds the reins of the editorial programme and ensures that deadlines are respected (delivery of texts, covers, blurbs and so on); calls the authors and the colleagues to order when they are late handing in material.

Redattore Desk editor

È la persona che lavora nel dettaglio sulla revisione del testo, ne cura la stesura finale insieme all'autore e al correttore di bozze. Interviene dopo l'editor, entrando più nello specifico della messa a punto del testo.

This is the person who works in detail on the revision of the text, agrees the final version with the author and the proof corrector. S/he follows the editor, dealing with the details of the text.

Correttore di bozze Proof reader

È uno dei mestieri più delicati e ingrati dell'editoria, fatto di pazienza, concentrazione, e quasi sempre mal pagato. Segnala gli errori di scrittura e di battitura. Più il correttore di bozze è bravo, meno ci si accorge del suo lavoro.

This is one of the most precise and thankless tasks of publishing, requiring patience, concentration, and it is almost always badly paid. The proof corrector points out spelling mistakes and typing errors. The more highly skilled the proof corrector, the less their work will be noticed.

Lettore Reader

Per una casa editrice trovare un buon lettore professionale è come trovare una pentola d'oro alla fine dell'arcobaleno. Una volta accalappiato, diventa una risorsa fondamentale che fa risparmiare molto tempo in quell'immane impresa che è la selezione dei manoscritti.

For a publishing house, finding a good professional reader is like finding a pot of gold at the end of a rainbow. Once s/he has been captured, they will become a fundamental resource, saving a lot of time in the immense task of selecting manuscripts.

Traduttore Translator

Nonostante l'attenzione verso la traduzione sia molto cresciuta negli ultimi anni, i traduttori lottano ancora con compensi bassi e clausole contrattuali difficili da negoziare. Quasi sempre esterni alla redazione, lavorano da casa con scadenze spesso molto serrate.

Although awareness of translation has increased in recent years, translators battle with low fees and contractual clauses that are difficult to negotiate. Almost always freelance consultants, they work from home, often with very short deadlines.

Agente letterario Literary agent

Consiglia l'autore e propone il manoscritto alle case editrici cercando di chiudere il contratto migliore; tratta pagamenti, anticipi e percentuali. Concorda copertina e piani di marketing.

Advises the author and proposes the manuscript to the publishing houses, trying to obtain the best contract possible; they deal with fees, advances and percentages. They agree on the covers and the marketing strategies.

Art director e grafico
Art director and graphic designer

Se l'editor comunica con le parole, l'art director e il grafico lo fanno con le immagini, cercando di tradurre al meglio i contenuti del testo in un linguaggio visivo. L'art director si occupa della scelta delle copertine e, insieme al grafico, della progettazione delle pagine.

While the editor communicates using words, the art director and the graphic designer do so with images, trying to translate the text into a visual language. The art director deals with the choice of the covers and, together with the graphic designer, decides the page layout.

Responsabile marketing
Marketing manager
Si occupa delle vendite e con il responsabile commerciale crea le campagne promozionali e cura i rapporti con le librerie indipendenti, quelle di catena e la grande distribuzione. Marketing e direttore editoriale decidono anche se ristampare un libro e in quante copie.
Deals with sales and works with the sales director to create the promotional campaign, organizing relations with the bookshops and the wholesalers. The marketing manager and the editorial director also decide when to reprint a book and how many copies to print.

Ufficio stampa Press office
Blandisce gli autori e corteggia i giornalisti. Scrive i comunicati stampa, coordina le interviste e supporta i tour di presentazione del libro.
Flatters the authors and courts the journalists. Writes the press releases, coordinates the interviews and organizes the book tours.

Responsabile eventi Head of events
Organizza i tour di promozione e le presentazioni delle nuove uscite, lavorando a a stretto contatto con l'ufficio stampa, marketing e commerciale.
Organizes the promotional tours and the presentations of the new books, working in close contact with the press office and the marketing and sales departments.

Social media manager
Cura le pagine social della casa editrice e il rapporto con gli *influencer*, elabora strategie di comunicazione e *storytelling*.
Responsible for the social media pages of the publishing house and the relationship with the influencers; s/he elaborates communication strategies and storytelling.

Commerciale Sales department
È l'ufficio che si occupa dei rapporti con i librai, i promotori e i distributori, quindi di spedizioni e rifornimenti. È fondamentale che conosca bene il prodotto per estrapolarne le potenzialità.
This is the office that deals with the booksellers, the promoters and the distributors, shipping and supplying the books. It is essential for them to fully understand the product, in order to fulfil its potential.

Ufficio diritti
Foreign rights department
Ha il compito di vendere all'estero i diritti di pubblicazione, e in caso di accordo si occupa anche di negoziare e redigere il contratto.
Responsible for selling publishing rights abroad and, when necessary, negotiating and drawing up the contract.

Ufficio tecnico Technical office
Si occupa di stampa, carta e rilegatura, e dei rapporti con tutti i fornitori esterni che confezionano materialmente i libri.
Deals with printing, paper and bindings, and the relationships with all the external suppliers who actually put the book together.

TRASFORMARE UNA STORIA IN UN PRODOTTO VENDIBILE: LE REGOLE DEL MARKETING IN EDITORIA

TRANSFORMING A STORY INTO A MARKETABLE PRODUCT: THE RULES OF MARKETING FOR PUBLISHING

> Qualunque sciocco può scrivere un libro,
> ma ci vuole un vero genio per venderlo.
>
> Any fool can write a novel,
> but it takes real genius to sell it.
>
> (J. G. Ballard)

di by Benedetta Lelli

C'è sempre un pizzico di invidia, a volte ben celato, in chi guardando dall'alto in basso il successo di un libro che non ritiene di qualità, butta lì la frase: "È solo un'operazione di marketing". Perché quella "magia" di rendere desiderato, amato ed economicamente redditizio un prodotto, in fondo saremmo tutti contenti di saperla fare, che si voglia vendere un libro o anche, perché no, promuovere noi stessi. Come in ogni altro settore economico, chi lavora in editoria e ha a cuore la propria sopravvivenza non potrà fare altro che voler bene al marketing (letteralmente "portare qualcosa verso il mercato"), un mix ben calibrato di valutazioni di mercato, strategie di promozione, vendita e comunicazione.

There is always a twinge of envy, at times well-hidden, in those who look down their nose at the success of a book they do not consider to be a quality product, saying "It is just thanks to good marketing." Because we would all love to have the "magic" flair for making a product desired, loved and economically profitable, needed to sell a book or even, why not, to promote ourselves. As in any other economic sector, those who work in publishing and take their own survival to heart cannot ignore marketing, a well-balanced combination of market evaluations, promotional strategies, sales and communication.

Transforming a story into a marketable product

Partiamo da un presupposto: i consumi culturali (la visita di un museo o di una mostra, la lettura di un libro, la visione di un film) sono talmente diffusi nella vita di ogni persona da non poter essere considerati un semplice passatempo per pochi. Secondo l'Istat, in media, il 7% della spesa complessiva delle famiglie italiane riguarda la cultura: "La dimensione culturale è positivamente associata alla crescita del reddito pro capite. La fruizione delle diverse attività culturali, nonché la pratica di attività fisica, sono alcune delle dimensioni che contribuiscono alla determinazione del capitale sociale di un paese".
Siamo nell'ambito di un settore economicamente rilevante (un mercato appunto), dove il compito dell'editore (che gestisce un'impresa che fa profitto con i libri) sarà quello di trovare le storie giuste da raccontare e suscitare il desiderio di acquisto del lettore.
Parlare di marketing significa aver presente le tre fasi in cui è organizzato. Il marketing analitico fornisce le analisi di mercato che servono a effettuare le scelte aziendali, quindi a collocare la

Let's start with a premise: cultural consumption (a visit to a museum, an exhibition, reading a book, watching a film) is such common event in the life of every person that it cannot be considered merely a simple pastime for an elite. According to the national office of statistics, on average Italian families spend 7% of their total expenditure on culture. "The enjoyment of the various cultural activities and the practice of physical activities are some of the dimensions that contribute to the determination of the social capital of a country."
This is an economically significant sector (a market, to be precise) where the task of the publisher (who manages a company that makes a profit from books) is to find the right stories that will arouse the readers' desire to buy.
Talking about marketing means understanding the three phases it comprises. Analytical marketing is needed to make corporate decisions, analysing the way the book market is behaving and identifying the most important trends. Strategic marketing defines the medium to long-term goals and shows how to differentiate the publishing house from competitors; for example, by discovering what is missing from the bookshop shelves and how it is possible to fill that void. Operational marketing is the set of actions that can be taken to achieve this goal, first of all by trying to identify potential readers and how to win them over. Then there is a brief list of questions to be answered: What is the value of this book in production terms? Does something similar already exist? What price range can I fit it into? When would be the best time to publish it? How can we

casa editrice nel contesto economico di riferimento analizzando come si muove il mercato del libro e quali sono le sue tendenze. Il marketing strategico definisce le linee strategiche di medio-lungo periodo e permette di capire in cosa ci si può differenziare dagli altri, ad esempio andando a vedere cosa manca sugli scaffali delle librerie e come sia possibile, con la propria identità, colmare quel vuoto. Il marketing operativo è l'insieme delle azioni che si possono mettere in campo per raggiungere questo obiettivo, cercando in primis di capire chi sono i potenziali lettori e come conquistarli.

Segue una breve lista di domande: Che valore ha questo libro in termini produttivi? Esiste già qualcosa di simile? In che fascia di prezzo posso inserirlo? Qual è il momento migliore per l'uscita? Come attuare una promozione efficace per mettere in connessione il libro con il suo pubblico di riferimento?

Rispondere a queste domande (le 4P di *Product*, *Pricing*, *Placement* e *Promotion*) significa non solo elaborare una valida strategia commerciale, ma anche regalare una bussola al lettore che deve orientarsi tra decine di migliaia di

set up effective promotional activities to show the book to its target public? The answer to these questions (the 4P – *Product, Pricing, Placement* and *Promotion*) is a valid commercial strategy and will provide a compass for the reader who has to navigate amongst the thousands of books published each year (in Italy seventy-nine thousand books were published in 2018, by almost five thousand different publishing houses).

Spending time and money to surprise consumers with new, interesting products does not always work; often the clients make their purchases almost automatically, seeking the familiar, anything that is easy to find. Always being honest about the nature of a product, explaining that it exists, what it is like and where it can be bought, is a good starting point.

No less important, in terms of marketing, is the physical appearance of the book/object. According to the reference public, the publisher will decide on the format, the materials, the cover and the price, always trying to balance the production costs and the buyer's purchasing power. *Pippi Longstocking*, published in Italy by Salani, could cost less than ten euro with a soft cover, or sixty euro in a numbered edition with slipcase. The book is the same, the reference public is different.

Social strategies, well-groomed profiles, the involvement of influencers or communities of active readers can all make the difference, just like non-conventional marketing ploys. Marketing displays, narrates, breaks down and exhibits the product, but if the product is brilliant, the most effective marketing will be word of mouth, the

Transforming a story into a marketable product

libri in uscita (in Italia, nel 2018, quasi 79mila, provenienti da circa 5mila diverse case editrici).

Spendere molto tempo e denaro cercando di sorprendere i consumatori con prodotti nuovi e accattivanti non sempre funziona; molto spesso i clienti fanno i loro acquisti in modo quasi automatico, scegliendo ciò che è familiare e facile da trovare. Essere sempre onesti sulla natura di un prodotto, spiegare che esiste, come è fatto e dove può essere acquistato, è il punto di partenza.

Non meno importante, in termini di marketing, è l'aspetto materiale dell'oggetto libro. In base al pubblico di riferimento, l'editore decide formato, materiali, copertina e prezzo – cercando sempre di bilanciare costi di produzione e potere di acquisto del compratore. *Pippi Calzelunghe*, pubblicato da Salani, può costare meno di 10 euro in versione tascabile o 60 nel cofanetto in edizione numerata; il libro è lo stesso, il pubblico di riferimento diverso.

Strategie social, profili ben curati, coinvolgimento di *influencer* o di *community* di lettori attivi possono fare la differenza, così come azioni di marketing non convenzionali. Il marketing mostra, racconta, scompone ed espone il prodotto. Se il mio prodotto è bellissimo, il marketing più efficace sarà il passaparola, il reader will not be able to resist sharing it on the social media or recommending it to friends. Livio Garzanti said that the bestsellers are unpredictable. Although the publisher may encourage sales by working with the critics, the bookshops and the advertising, the final success depends on the readers

Balthazar Pagani
Editorial director at Centauria

Oggi, chi compra i libri spesso cerca l'autore o l'argomento, difficilmente cerca l'editore. Sono pochi gli editori scelti anche a prescindere dall'autore, o dall'argomento, perché essi stessi sinonimo di qualità (un giallo Sellerio per esempio). Io preferisco però costruire un percorso, libro per libro, perché questo permette di ridurre i rischi.
Today, those who buy books look for the author, or the topic, they are unlikely to look for the publisher. Only a few publishers are chosen whatever the author, or the topic, because they are a synonym of quality (a Sellerio crime story, for example). I prefer to build a course, book by book, because this reduces the risks.

lettore che non può fare a meno di condividerlo sui social o consigliarlo agli amici. Livio Garzanti diceva che i bestseller sono imprevedibili. Che l'editore può spingere le vendite lavorando con i critici, le librerie, la promozione pubblicitaria, ma che poi il vero successo lo fanno i lettori che ne parlano, ne scrivono e oggi, soprattutto, lo fotografano su Instagram. E se ogni casa editrice è in fondo un macrolibro fatto da tanti singoli libri, ogni singola promozione contribuisce a costruirne l'immagine pubblica. Proporre libri che soddisfano i compratori, raccontare contenuti e valore del prodotto, comporre infine un catalogo che sia coerente e riconoscibile, rafforza il messaggio e contribuisce a creare un rapporto di fiducia con i lettori che va oltre il singolo libro o autore. E a fare della casa editrice un marchio di garanzia.

E ora presentiamoci
Ufficio marketing, comunicazione, commerciale ed editor entrano poi in relazione quando arriva il fatidico momento delle presentazioni.
Per capire se organizzare una presenta-

who talk about it, write about it and, nowadays, publish photographs on Instagram.

It's time for presentations
The marketing, communication and commercial departments and the editors come together when the fatal moment of the presentations arrives.
In order to understand how to organize a presentation and what type it should be, we start with the author. According to whether they are a novice, a well-established author or an influencer with a hundred-thousand followers, the approach will obviously change. The editor, the press officer and the sales and marketing departments sit around the table to discuss the potential and the budget to be invested. There are meetings with the author, who must be convinced to accept the strategy chosen – everyone wants a book tour, but they are expensive and unless you are a best-selling author, you will not fill the halls. Decisions will be taken about where to present the book on the basis of the author and the type of book. Bookshops are the preferred venue, but only those who work well with that particular type of book, or there may be other places where it is possible to entice the reader and create virtuous collaborations for the publishing house (a book on fashion in an atelier, a book on whales at an aquarium, which will then sell the books, and so on). Presenting the title in the author's birthplace, or where the story is set, generally works quite well; in such cases, requests sometimes come directly from the author and must be evaluated by the publishing house.

zione, e di che tipo, si parte dall'autore. Il fatto che sia un esordiente, o un autore affermato, o un *influencer* con 100mila *follower*, ovviamente cambia molto. Editor, ufficio stampa, uffici commerciali e marketing si mettono quindi a tavolino per valutarne il potenziale e il budget da investire. Si procede poi incontrando l'autore e cercando di convincerlo ad accettare la strategia individuata – i *book tour* li vogliono tutti, ma costano e se non sei un big magari non riempi le sale.

In base all'autore e alla tipologia di libro si decide dove fare le presentazioni, nelle librerie, certo, ma solo quelle che sanno lavorare meglio su titoli di quel tipo, o in altri luoghi che possono incuriosire il lettore e creare collaborazioni virtuose per la casa editrice (un libro sulla moda in un atelier, un libro sulle balene in un acquario che poi magari venderà i miei libri e via dicendo). Presentare un titolo nella città dove è nato l'autore, o in quella dove è ambientato il libro, in genere funziona abbastanza bene, e in quei casi capita anche che arrivino richieste direttamente all'autore, che poi vengono vagliate dalla casa editrice.

Se l'autore è un cantante, un calciatore, uno *youtuber*, o un personaggio famoso al di fuori del mondo della scrittura, le presentazioni sono fondamentali perché il pubblico vorrà incontrarlo di persona; in quei casi si possono vendere centinaia di copie e scalare velocemente la classifica dei libri più venduti. Per gli autori meno conosciuti, le presentazioni invece non servono tanto a far vendere subito molti libri, quanto a far girare il nome; inoltre, se organizzo una presentazione in una libreria che ha una clientela affe-

If the author is a singer, a footballer, a youtuber or a celebrity outside the world of writing, the presentations are fundamental, because the public will want to meet them in person: in these cases it is possible to sell hundreds of copies, swiftly climbing the sales charts. For less well-known authors, the presentations serve not so much to sell the books, as to make the name familiar; also, if I organize a presentation in a bookshop that has a faithful clientele, the public will already have a good relationship with the bookseller and they will be curious even about an author they have never heard of.

The marketing, sales and communication departments are in contact throughout the book tour, marketing appraises the advertising investment and coordinates the delivery of the copies for each meeting with the sales office; the communication department proposes social strategies and, together with the press office, supports the tour by involving the local press, seeking out the influencers and the most suitable guests for the event.

Generally, a virtuous cycle of presenta-

zionata, il pubblico verrà per un rapporto di fiducia con il libraio, e si lascerà incuriosire anche da un autore che non ha mai sentito nominare.
Ufficio marketing, commerciale e comunicazione sono in contatto durante tutto il periodo del *book tour*, il marketing valuta gli investimenti pubblicitari e coordina con il commerciale l'invio delle copie per ogni incontro; l'ufficio comunicazione propone strategie social e insieme all'ufficio stampa supporta il tour coinvolgendo la stampa locale, gli *influencer* e cercando gli ospiti adatti all'evento.
In genere, un ciclo virtuoso di presentazioni si esaurisce nel giro di sei mesi; quando il libro è fuori ormai da un po', le richieste iniziano a diminuire e gli incontri possono anche terminare. La durata di un tour si valuta sempre in corso d'opera, e la sua efficacia dipende dal fatto che raggiunga i due obiettivi principali: soddisfazione dell'autore e vendita del libro.

tions lasts six months; when the book has been on the shelves for some time, the demand begins to fall and the meetings can end. The duration of a tour is always evaluated as it proceeds and its efficacy depends on the fact that it attains two main goals: the satisfaction of the author and the sale of the book.

Francesca Cinelli
Head of events at Rizzoli, Bur and Fabbri

Prima ancora di sentirsi ferito per una scarsa vendita, un autore si sentirà ferito da una sala semideserta. Quindi, compito dell'ufficio eventi è valutare con attenzione quale sia la situazione migliore per il proprio autore e il suo libro, ponderando tutti i fattori e mantenendo un approccio di onestà e professionalità con gli organizzatori e l'autore stesso.
Before feeling wounded by poor sales, an author is likely to be distressed by a semi-deserted hall. So, it is the task of the events office to decide which is the best venue for promoting the author and their book, considering all the factors and maintaining an honest and professional approach with the organizers and the author themselves.

Transforming a story into a marketable product

LE COPERTINE E L'APPEAL

THE COVER AND THE BLURB

di by Helen Yentus – Art Director at Riverhead Books
Jynne Dilling Martin – VP, Associate Publisher at Riverhead Books

Che presto o tardi sarebbe arrivata la fine dell'editoria tradizionale abbiamo iniziato a pensarlo già nel 2008. L'abitudine sempre più diffusa di leggere su supporti digitali sta portando alla scomparsa del libro di carta, e di conseguenza al venir meno della necessità della copertina. Quando Mimaster Illustrazione e Fondazione Arnoldo e Alberto Mondadori ci hanno invitate a Milano al corso di *Creative Publishing Direction*, abbiamo pensato di partire proprio da queste domande: che fine faranno le copertine dei libri? Saranno ancora necessarie? E avremo ancora bisogno di grafici che le progettino?

Since about 2008 we have been predicting the end of print. The end of books in paper and in turn the end of the need for book jackets since everyone will now be reading on their digital devices.
When Mimaster Illustrazione and the Fondazione Arnoldo e Alberto Mondadori invited us to the Creative Publishing Direction course in Milan, we decided to start from these questions: Where would a jacket even go? Why would it be necessary? And with it, what need do we have for their designers? Well cut to a decade down the road and, despite the dramatic shifts in how readers find books, it turns out jackets are just as necessary as before for pulling in readers and com-

Trascorso un decennio, e malgrado sia cambiato il modo in cui i lettori scelgono i libri, possiamo dire che le copertine sono necessarie esattamente come prima per attirare lettori e comunicare il contenuto del libro. Tuttavia, oggi, la copertina ha una doppia, se non tripla, funzione. Se prima il suo scopo era catturare l'attenzione nello spazio della libreria, adesso deve entrare in contatto con il lettore attraverso numerosi altri media. Siamo oggi così distratti da internet, dai social media, dallo shopping online, dalle news, che è sempre più difficile per un lettore notare o scoprire un nuovo libro o autore.

Per i graphic designer non si tratta più solo di comunicare il genere del libro e creare un'immagine bella e significativa, ma soprattutto di realizzare un *brand* che possa funzionare su diversi media nelle campagne pubblicitarie, e allo stesso tempo catturare l'attenzione in un paesaggio visivo che esplode di stimoli. Come possono i grafici raggiungere questo scopo? Semplice: non da soli.

In Riverhead questo si traduce in un approccio più collaborativo tra diverse figure, rispetto al "grafico solitario nella sua stanza" del passato. Adesso è imprescindibile un confronto tra i grafici e i team di marketing e comunicazione per stabilire l'efficacia dell'immagine sulle differenti piattaforme digitali. Certo, il libro come oggetto fisico è ancora molto importante. Ancora più importante per attirare il lettore, forse, è il suo comportamento in rete. Non si tratta di farne una miniatura da guardare su uno store online, ma di creare un'onda visiva riconoscibile attraverso diversi canali.

La copertina funziona quindi come nucleo dell'identità visiva del libro in quanto oggetto; identità però che può avere una

municating what a book is. Now, however, book jackets have to do almost triple duty. Whereas before their job was to arrest a reader in the limited space of a physical store, now they must somehow connect with a reader in a sea of other media floating around. Everyone is so distracted – by the internet, by social media, by online shopping, by global news – that it takes so much more for a reader to notice or discover a new book or author.

For designers, the job is now not to only communicate the type of book and create a beautiful, meaningful image, but to also be able to come up with a brand, that works in different types of media throughout a campaign, and in the meantime to grab attention in an exploded visual landscape. How can cover designers accomplish this? The simple answer is: not on our own.

At Riverhead, this means a much more collaborative approach than the way designing covers has been done in the past (alone, in a dark room). We now must seriously consider and partner with our marketing and publicity teams to conceive of how our design can be carried through many platforms. Yes, the book itself as an object still matters. Very much! But just as much, if not more important in connecting with readers, is how it behaves online. Not really as a tiny thumbnail in a digital store, but how can it create a growing wave of visual recognition through adds, events, socials.

The book jacket then functions as the core of a visual identity for the book itself, an identity that can have a life of its own outside the book. Working with a design-forward sensibility, we attempt to create a striking, memorable design that can be iterated in many ways. An instantly recog-

vita propria al di fuori del libro. Lavorando con sensibilità progettuale, cerchiamo di creare un design sorprendente e riconoscibile che possa essere ripetibile. Un design iconico immediatamente identificabile che possa essere smontato in pezzi (e adattarsi a borse, vestiti, tovaglioli da party, stampe artistiche, immagini per social media e via dicendo) e malgrado tutte queste declinazioni essere ancora riconoscibile. Anche se visto con la coda dell'occhio o nell'angolo di un post di Instagram. Questo crea un ciclo di feedback visivi, in cui il lettore comune percepisce questa identità grafica singolare e iconica (che funge da metafora visiva del libro) in diversi ambiti della propria realtà quotidiana.

Può dunque l'icona che abbiamo realizzato essere fruita nella fretta dei nostri giorni e rimanere al contempo un'immagine rappresentativa del libro in sé? La risposta è sì. Si tratta solo di pensare oltre la copertina nel momento stesso in cui la si progetta.

nizable iconic design that can be taken apart into pieces (for tote bags, jumpsuits, dresses, media party napkins, artistic prints, social media images, etc.) and still you know what book it is. Even if stripped of all the clarity of the text or seen out of the corner of your eye (or in the corner of an Instagram post), you would know what book it is. This creates a visual feedback loop, in which the everyday reader has the sense of this singular, iconic graphic identity (which serves as a visual metaphor for the book) showing up repeatedly in all different corners of their world.

So can the design we have come up with be glanced at in the rush of today and still be a meaningful window into the book itself? The answer is yes! It just requires thinking beyond the book jacket as we make the book jacket.

Stefania Soma
Content creator @petuniaollister

Ho iniziato a fare foto ai libri e a pubblicarle su Instagram nel 2015, per caso. Mi sono resa conto quasi subito di quanto ci fosse bisogno di far entrare i libri nei feed social delle persone, svestendoli dell'aura sacra che li circonda e inserendoli in cornici visive quotidiane. Libri accompagnati da cibo e da oggetti, racconti in formato quadrato delle atmosfere di un'epoca e dei caratteri dei personaggi: il gusto di leggere irrompe dai social e ci riporta in libreria. Perché, non si dice quasi mai, leggere è divertente ed è tempo che i libri vengano raccontati – non solo, ma anche – con un linguaggio visivo piacevole.

I started photographing books and publishing them on Instagram in 2015, by chance. I realized almost immediately that it was necessary to introduce books to the social feeds of the public, stripping them of the sacred aura that surrounded them and placing them in everyday visual frameworks. Books accompanied by food and objects, stories in square format of the atmospheres of an era and the personality of the characters: the pleasure of reading bursts onto the social media scene and leads us to the bookshops. Because, although it is almost never said, reading is fun and it is time for books to be explored not only with words, but with a pleasing visual language.

PREMI LETTERARI
LITERARY AWARDS

Astrid Lindgren Memorial Award
— *Sweden*
Grand Prix du roman
de l'Académie française
— *France*
Man Booker Prize
— *UK*
National Book Award
— *USA*
Nobel Prize
— *Sweden*
Premio Andersen
— *Italy*
Premio Bagutta
— *Italy*
Premio Bancarella
— *Italy*
Premio Brancati
— *Italy*
Premio Calvino
— *Italy*
Premio Campiello
— *Italy*
Premio Comisso
— *Italy*
Premio DeA Planeta
— *Italy*
Premio Letterario La Giara
— *Italy*
Premio Miguel de Cervantes
— *Spain*
Premio Mondello
— *Italy*
Premio Neri Pozza
— *Italy*
Premio Strega
— *Italy*
Premio Viareggio
— *Italy*
Prix Goncourt
— *France*
Pulitzer Prize
— *USA*
Torneo Letterario IoScrittore
— *Italy*

LEGGERE, SCRIVERE E FAR DI CONTO

READING, WRITING AND ARITHMETIC

di by Benedetta Lelli

Generalmente un libro "funziona" quando soddisfa il lato economico e insieme accresce il valore della casa editrice.
Produrre un libro ha dei costi fissi, dei costi relativi alla struttura e dei costi variabili. I costi fissi sono indipendenti dal numero delle copie stampate e comprendono quelli redazionali (traduzione, revisione, impaginazione) e quelli di struttura (personale, affitto, spese generali).
I costi variabili dipendono invece dal tipo di scelte fatte dall'editore e dal numero di

Generally speaking, a book "works" when it meets the economic criteria and at the same time brings added value to the publishing house.
Producing a book has fixed costs, structural costs and variable costs. The fixed costs do not depend on the number of copies printed and include the editorial process (translation, revision, make-up) and the structure (staff, leases, general expenses).
The variable costs depend on the decisions made by the publisher and on the number of copies printed, and they include the cost of printing, promotion and distribution (generally between 30% and 40%), the payment of royalties (generally around 8%), translation royalties (about 5%), discounts for bookshops or dealers (between 30% and 35%).
The publisher will fix the cover price on the basis of these costs. Profit lies beyond the breakeven point between costs and revenues.
The author The payments made to the person who wrote the book are divided between an advance and royalties. The advance is calculated on the basis of the sales

copie stampate, e comprendono le spese per la tipografia, i costi di promozione e distribuzione (in media tra il 30% e il 40%), il pagamento dei diritti all'autore (in genere intorno all'8%), i diritti di traduzione (intorno al 5%), gli sconti per le librerie o i rivenditori (tra il 30% e il 35%). Sulla base di questi costi, l'editore fissa il prezzo di copertina. L'utile si colloca al di là del punto di pareggio tra costi e ricavi.
L'autore I compensi per chi ha scritto il libro si dividono in anticipo e *royalty*. L'anticipo viene calcolato in base alle previsioni di vendita (e dunque anche alla notorietà dell'autore, che sia un big o un esordiente cambia molto). Le *royalty* vengono stabilite in una percentuale che varia tra il 6 e il 12% del prezzo di copertina, e l'autore inizia a incassarle quando le vendite hanno coperto i soldi dell'anticipo. Se l'anticipo supera le *royalty*, l'autore ci guadagna e l'editore va in perdita.
Costi di produzione Questi comprendono lastre, carta e stampa. Possiamo calcolare in media che per stampare 7/8mila copie di un testo in brossura (senza copertina rigida) di 250 pagine, i costi di stampa siano di 1,5 euro a copia.
Costi redazionali Ogni testo deve essere sottoposto alla revisione dell'editor, del redattore e del correttore di bozze. Ci sono poi i costi per l'acquisizione dei diritti delle immagini e della traduzione se serve. C'è l'ufficio grafico che si occupa dell'impaginazione del testo e della copertina.
Costi di struttura Il personale si paga, l'affitto pure, così come la luce, le pulizie, i materiali per l'ufficio. Anche lo spazio ha un costo, i libri invenduti restano in magazzino e le giacenze costano.
Spese di promozione La partecipazione a fiere e premi letterari, gli investimenti pub-

forecasts (and therefore also on the reputation of the author, there is a big difference between a chart-topper and a novice). The royalties are set as a percentage that varies between 6% and 12% of the cover price and the author begins to receive them once the sales have covered the advance. If the advance is higher than the royalties, the author wins and the publisher loses money.
Production costs These include printing plates, paper and printing. On average we can say that to print seven or eight thou-

Tom Peterson
Publisher at The Creative Company

Credo che il medium attraverso cui gli editori condividono i loro contenuti cambierà sicuramente. Dai supporti di pietra ai libri stampati, dagli audiolibri agli e-book, il cambiamento è stato l'unica costante dell'industria editoriale, così come del mondo in generale. Tuttavia in questo ambito il lavoro dell'editore è ancora molto coerente: fornire ai lettori contenuti di qualità per arricchire le loro vite, a prescindere dal mezzo.
I believe the medium over which publishers share their content will definitely change. From stone tablets to printed books to audio books to e-books change has been the only constant in publishing and indeed in our world. Within that context, however, a publisher's work has remained remarkably consistent: to deliver readers valuable content, no matter what the form, to enrich people's lives.

blicitari, le presentazioni, i tour promozionali. Una buona strategia di comunicazione può fare la differenza, e specialmente nelle case editrici indipendenti serve a far percepire il proprio brand e il progetto. Anche portare gli autori fuori a cena è un costo. Se la promozione funziona, può aumentare la visibilità e le vendite, ma la spesa si fa in anticipo e non si sa mai se è a perdere.

Distribuzione In genere è il costo più alto, ma da cui non si scappa: se i libri non arrivano sul mercato, non si vendono. La distribuzione può essere diretta (quindi gestita internamente), oppure indiretta se affidata a un distributore esterno. Il costo? Anche fino al 40% del prezzo del libro. Una percentuale molto alta che spiega anche la crescita del potere di colossi come Amazon, che ottimizza proprio i costi di logistica e magazzino.

A conti fatti, quindi, fare l'editore conviene? Tolte tutte le voci di spesa di cui sopra, di media il margine è del 4-5% sul prezzo del libro: nel caso di un libro che ha un costo di 16 euro, si parla di 80 centesimi. Insomma, ci vuole passione.

sand copies of a paperback book of 250 pages, will cost about 1.5 euro per copy.

Editorial costs Each text must be read and revised by the publisher, the editor and the proof corrector. Then there are the costs for the acquisition of any images, of illustrations and of the translation, when necessary. Finally, there is the cost of the graphic design department who provide the page layouts and the cover.

Structural costs The staff receive wages, the rent, the electricity, cleaning, office supplies are all paid for. Even storage space has a cost, unsold books sit in the warehouse and stock has a cost.

Promotion and advertising costs These include taking part in fairs and literary award events, advertising, presentations and promotional tours. A good communication strategy can make a difference and, for the independent publishers in particular, it is necessary to display their brand and project. Even taking an author out to dinner is a cost. If the promotion works, it will increase visibility and sales, but the costs are paid up front and there is no guarantee of success.

Distribution Generally, this is the highest cost, but it is unavoidable: if the books don't reach the market, they will not sell. The distribution may be direct (managed in-house) or indirect, when it is entrusted to an external distributor. The cost? It may be up to 40% of the cost of the book. A very high percentage if we also consider the increasing power of behemoths like Amazon, who optimize the costs of logistics and warehousing.

So, when all is said and done, is it worth being a publisher? When all these costs have been deducted, the average profit margin is 4-5% of the cover price. In the case of a book that costs 16 euro, that means 80 cents. It is clear that one must be passionate about this profession.

Reading, writing and arithmetic

Giacomo Benelli, Ivan Canu
e and Benedetta Lelli
Mimaster Illustrazione
The Illustrated Survival Guide
Editors and Publishers

Book design
Pietro Corraini
con with Barbara Gizzi (RAUM *Italic*)

© 2020 Ivan Canu e and Giacomo Benelli
per Mimaster Illustrazione
© 2020 Maurizio Corraini s.r.l.
Tutti i diritti riservati alla
All rights reserved by
Maurizio Corraini s.r.l.

Testi a cura di
Texts by
Giacomo Benelli, Ivan Canu
e and Benedetta Lelli

Traduzioni dall'italiano di
Translations from Italian by
Katherine Clifton

Illustrazioni di Illustrations by
Daniele Morganti

Illustrazioni a piena pagina di
Full page illustrations by
Libero Gozzini

Coordinamento editoriale di
Editorial coordination by
Benedetta Lelli, Chiara Cereda

Stampato in Italia da Printed in Italy by
Galli Thierry Stampa s.r.l., Milano
dicembre December 2020

Maurizio Corraini s.r.l.
Via Ippolito Nievo, 7/A
46100 Mantova
Tel. 0039 0376 322753
Fax 0039 0376 365566
e-mail: info@corraini.com
www.corraini.com

Questo libro nasce dalla collaborazione tra
Fondazione Arnoldo e Alberto Mondadori
e Mimaster Illustrazione per la promozione
delle professioni editoriali.
This book is the result of the collaboration
between Fondazione Arnoldo e Alberto
Mondadori and Mimaster Illustrazione for
the promotion of publishing professions.

fondazionemondadori.it
mimasterillustrazione.com

Ringraziamo Special thanks to
Edoardo Brugnatelli, Francesca Cinelli,
Marzia Corraini, Marco Corsi, Serena
Daniele, Jynne Dilling Martin, Stefania
Di Mella, Luca Formenton, Michele
Foschini, Stefano Izzo, Beatrice Masini,
Caterina Marietti, Mariagrazia Mazzitelli,
Balthazar Pagani, Paola Parazzoli, Tom
Peterson, Marco Rana, Sara Reggiani,
Chiara Scaglioni, Stefania Soma, Helen
Yentus, Francesca Zoboli.

Con il contributo di With the contribution of

Nessuna parte di questo libro può essere riprodotta
o trasmessa in nessuna forma e con nessun mezzo
(elettronico o meccanico, inclusi la fotocopia, la
registrazione od ogni altro mezzo di ripresa delle
informazioni) senza il permesso scritto dell'editore.
No part of this book may be reproduced or transmitted
in any form or by any means (electronic or mechanical,
including photocopying, recording or any information
retrieval system) without permission in writing from
the publisher.

L'editore e la fondazione sono a disposizione degli
eventuali aventi diritto per le fonti non individuate.
The publisher and the foundation will be at complete
disposal to whom might be related to the unidentified
sources printed in this book.